电气化铁路牵引供电技术探究

郑玉糖　贾亮　王小松　著

延边大学出版社

图书在版编目（CIP）数据

电气化铁路牵引供电技术探究 / 郑玉糖，贾亮，王小松著. -- 延吉：延边大学出版社，2023.6
　　ISBN 978-7-230-05110-1

Ⅰ.①电… Ⅱ.①郑… ②贾… ③王… Ⅲ.①电气化铁道－牵引供电系统－技术－研究 Ⅳ.①U223.6

中国国家版本馆CIP数据核字(2023)第108891号

电气化铁路牵引供电技术探究

著　　者：郑玉糖　贾　亮　王小松
责任编辑：董　强
封面设计：金世达
出版发行：延边大学出版社
社　　址：吉林省延吉市公园路977号　　邮　编：133002
网　　址：http://www.ydcbs.com　　E-mail：ydcbs@ydcbs.com
电　　话：0433-2732435　　传　真：0433-2732434
印　　刷：三河市嵩川印刷有限公司
开　　本：787×1092　1/16
印　　张：10.5
字　　数：200 千字
版　　次：2023 年 6 月 第 1 版
印　　次：2023 年 6 月 第 1 次印刷
书　　号：ISBN 978-7-230-05110-1

定价：60.00 元

前　言

只有拥有现代化的交通工具，国家的经济才能得到持久发展，而铁路一直在交通系统中扮演着支柱型的角色，尤其是电气化铁路能满足现代社会不断增长的对长短途客货运输的要求。电气化铁路是一种既提高了安全性，又改善了旅行体验的铁路运输方式，它大大提高了人们出行的便捷性。本书将详细介绍电气化铁路的有关概念、发展历史、技术特点以及给人们的出行带来的便利性。

本书共分为七章，第一章论述了电气化轨道交通的基础知识，第二章介绍了铁路牵引供电系统，第三章针对牵引变电所的相关内容进行了探究，第四章阐述了铁路供电的牵引网的相关知识，第五章对牵引供电远动技术进行了深入探索，第六章主要介绍了智能供电管理系统，第七章列举了电气化铁路智能牵引供电系统的实施案例和发展。本书可供广大高铁爱好者、从事高速铁路相关工作的同行参阅，也可供轨道交通专业的学生参考学习。

在编写过程中，笔者参考了部分相关文献、资料，获益良多，在此谨向其作者表示衷心的感谢。由于笔者水平有限、编写时间仓促，书中难免存在疏漏之处，欢迎读者批评指正。

谨以此书向中国高铁的伟大成就致敬！

笔者

2023 年 2 月

目 录

第一章 电气化轨道交通 ... 1

第一节 电气化轨道交通的发展历史和优点 ... 1
第二节 地铁与轻轨 ... 4
第三节 电气化铁路 ... 8
第四节 磁浮交通 ... 11

第二章 铁路牵引供电系统 ... 13

第一节 铁路牵引供电系统概述 ... 13
第二节 铁路牵引供电系统的制式 ... 15
第三节 铁路牵引供电方式 ... 20

第三章 牵引变电所 ... 45

第一节 牵引变电所概述 ... 45
第二节 牵引变压器的选择及备用方式 ... 46
第三节 牵引变电所主要设备 ... 48
第四节 牵引变电所向接触网的供电方式 ... 54
第五节 牵引变电所的防雷 ... 56
第六节 牵引变电所的接地 ... 61
第七节 牵引变电所的保护配置 ... 67

第四章　铁路供电的牵引网

第一节　要求和规定 ... 71
第二节　接触网系统 ... 72
第三节　接触网供电分段 ... 77
第四节　牵引供电线路 ... 84
第五节　架空接触网的典型结构及其型式 ... 87

第五章　牵引供电远动技术

第一节　概述 ... 92
第二节　远动系统的基本构成与分类 ... 97
第三节　远动系统的技术要求与性能指标 ... 108
第四节　远动系统的功能 ... 110
第五节　远动系统的工作模式 ... 117

第六章　智能供电管理系统

第一节　牵引供电运行管理概述 ... 119
第二节　智能供电运行检修管理系统 ... 128
第三节　接触网故障预测与健康管理系统 ... 134

第七章　电气化铁路智能牵引供电系统实施案例与发展

第一节　京沈高铁试验段实施案例 ... 142
第二节　智能牵引供电系统技术发展 ... 147

参考文献 ... 161

第一章 电气化轨道交通

第一节 电气化轨道交通的发展历史和优点

一、电气化轨道交通的发展历史

世界上第一条真正意义的电气化轨道交通诞生于1879年。当年5月31日，西门子公司和哈尔斯克公司在德国柏林举办的世界博览会上联合推出了一条电气化铁路和一台电力机车。这条电气化铁路长300 m，线路呈椭圆形，轨距为1 m，在上面运行的电力机车只有954 kg，车上装有2.2 kW的串励式二极直流电动机，由150 V的外部直流电源经铺设在轨道中间的第三轨供电，以两条走行轨作为回路。它牵引三节敞开式"客车"，每节车上可乘坐6名乘客，最高运行时速达13 km，在4个月的展览期共运送了8万多乘客。这条电气化铁路看起来比今天的儿童铁路还要小，但它却是现代电气化轨道交通的先驱。1881年，西门子公司和哈尔斯克公司又在柏林近郊的利希菲尔德车站至军事学院之间修建了一条2.45 km长的电车线路。同年，在法国巴黎国际电工展览会上展出了第一条500 m长的由两条架空导线供电的电车线路，并于1885年正式投入商业运行。这就为提高电压、采用大功率牵引电动机创造了条件。这种电车形式的电气化铁路的出现，很大地刺激了当时的日本、西欧和美国，于是很多国家纷纷开始兴建电气化铁路。

1893年，瑞典在斯德哥尔摩以北11 km长的区段内修建了一条550 V的直流电气化铁路。1895年，美国在巴尔的摩至俄亥俄州间5.6 km长的隧道区间段内修建了一条675 V的直流电气化铁路。同年，日本在京都的下京区修建了一条6.7 km长的550 V的直流电气化铁路。最初的电气化铁路都采用低压直流或者三相交流供电，并且大部分修建在工矿线路和城市的近郊线路上，后来随着工业的发展，逐渐修建到城市之间。

二、电气化轨道交通的优点

与传统的轨道交通相比，电气化轨道交通的优越性主要表现在以下几个方面。

（一）能多拉快跑，提高运输能力

由于电力机车以外部电能作动力，不需要自带动力装置，可降低机车自身质量，因此在每根轴的荷重相同的条件下，其轴功率较大。目前，国内的电力机车最大功率为 900 kW，内燃机车为 500 kW，在相同的牵引质量下，电力机车的速度较内燃机车快。而在相同速度下，电力机车的牵引力也较大。客运用的 SS8 型电力机车持续速度为 100 km/h，而 DF11 型内燃机车只有 65.5 km/h。从货运机车的功率来看，SS4 型电力机车为 6 400 kW，DF10 型内燃机车为 3 245 kW，而前进型蒸汽机车仅为 2 200 kW。由上述数字可以看出，由于电力机车的功率大，所以它的牵引力较大、持续速度较快，能大大提高运输能力。在坡道大、隧道长的山区区段和运输量大、运输繁忙的平直干线上，电力机车牵引的能力就更显著。例如，宝成线电气化后，广元以北的输送能力由原来的每年 250 万吨提高到 1 350 万吨，提高了 4.4 倍；广元以南的输送能力由原来的每年 750 万吨提高到 1 750 万吨，提高了 1.3 倍。石太线电气化前（1978 年）的输送能力为 2 660 万吨，电气化后（1985 年）的输送能力达到 5 600 万吨，比电气化前提高了 1 倍还多。

（二）能综合利用资源，降低燃料消耗

电力机车的能源来源途径多样，因此可以综合利用资源，特别是可以利用丰富而廉价的水力资源和天然气资源，即使是火力发电厂供电，也可以使用劣质煤或者重油。而蒸汽机车要用优质煤，内燃机车要用高价的柴油，它们的燃料消耗量比电力机车要高得多。日本在 1960～1975 年的 15 年中，列车数量增加了 50%，而燃料消耗量却降低了 50%，苏联在 1960～1980 年的 20 年中铁路劳动生产率提高了两倍，煤炭却节约了 20

多亿吨。轨道交通是国家能源消耗的一个大户。因此，牵引动力类型的选择对于合理使用能源具有重要意义。我国原油储量远少于煤炭、水力，而一些无法直接使用电能的水上、陆地和空中运输工具及移动机械却需要大量的液体燃料，因此电力牵引是最合理的牵引动力。

（三）能降低运输成本，提高劳动生产率

由于电力机车构造简单，牵引电动机和电气设备工作稳定可靠，因而机车检修周期长，维修量少，可以减少维修费用和维修人员。电力机车不需要添煤、加水和加油，整备作业少，宜长交路行驶，因而可以少设机务段，也可相应减少乘务人员和运行机车数量。同时，还能增加机车的运行时间，提高劳动生产率。电力机车牵引能大幅度提高运输能力，统一机车牵引定数，减免编组站列车换重作业，以及加速车辆周转，所以大大降低了运输成本。

（四）能改善劳动条件，不污染环境

由于电力机车不带原动机，不烧煤、不燃油，因此不但使机车乘务员免受有害气体侵害，也对沿线的环境不产生污染。例如，宝成线在电气化前采用蒸汽机车牵引，当列车通过长大隧道时，隧道内有害气体高达 0.25 mg/L，超过国家标准 12.5 倍，并有大量煤炭排入道床，给工务养路造成很大困难。更为严重的是，由于烟熏火烤，司机室内的温度高达 53℃，劳动条件很差，常常有机车乘务员晕倒，严重影响人身健康和行车安全。由于列车车床关闭，车内闷热，空气污浊，旅行环境十分恶劣。

（五）能推动铁路沿线电气化，有利于工农业的发展

电气化铁路的牵引供电装置，除了主要向电力机车供电，还可以解决铁路沿线的用电问题，有利于实现养路机械化。特别是在我国电力网络稀少的边远地区，工农业用电比较困难，铁路电气化为沿线城镇乡村用电创造了条件，有利于当地工农业的发展和人民生活水平的提高。

第二节　地铁与轻轨

一、地铁

在大城市的地下修建车站和隧道，并在其中铺设轨道，以电动快速列车运送大量乘客的公共交通体系，称为城市地下铁道，简称地铁。在城市郊区，人员车辆较少的地方，地铁线路可延伸至地面或高架桥上。由于地铁运输几乎不占用街道面积，也不干扰地面交通，因此有些国家称其为"街外运输"，美国纽约则称其为"有轨公共交通线"。

地下铁道是城市快速轨道交通的先驱。地铁不仅具有运量大、速度快、安全、准时、节省能源、不污染环境等优点，而且可以在建筑物密集而不便于发展地面交通和高架轻轨的地区大力发展。因此，地铁在城市公共交通中发挥着巨大的作用，是城市居民出行的便捷交通工具。

在交通拥挤、行人密集、道路又难以扩建的街区，以地铁代替地面交通工具，具有许多优点：

（1）地铁交通具有安全、快捷、方便、准时的特点，乘坐地铁通常要比利用地面交通工具节省 1/2~2/3 的时间。它以车组方式运行，载客量大、正点率高、安全舒适。对于多条地下铁道立体交叉的情况，在交叉点设有楼梯、自动扶梯或垂直电梯，换乘极为方便。在城市中心区等热闹地带，地铁的出入口可以建在最繁华的街区，或建在大型百货商店以及其他公共场所的建筑物内，以方便乘客，增加客流量。

（2）修建地铁可以改造地面环境，降低噪声，减少废气污染，为把地面变成优美的步行街区创造条件。

（3）地铁可节省地面空间，保护城市中心区域有限的地面资源。

（4）城市地铁具有一定的抗战争和抗地震破坏能力。

进入 21 世纪，中国主要的大中型城市对城市轨道交通系统进行了规划、设计，地铁建设在中国得到了迅猛发展。

（一）世界地铁的发展

1. 纽约地铁

纽约地铁诞生于1904年，是美国纽约市的快速大众交通系统，也是全球最错综复杂且历史悠久的公共地下铁路系统之一。纽约地铁24小时运行，整个地铁系统中有很多独特的艺术作品。1904年10月27日，纽约市的第一趟地铁列车缓缓驶出市政厅车站。它成为成千上万人的工作场所，是城市四通八达、奔流不息的大动脉，也是纽约市的一条地下艺术。

2. 巴黎地铁

巴黎地铁是法国巴黎的地下轨道交通系统，1900年起开始运行。巴黎地铁总长220 km，居世界第十二位，年客流量达15.06亿（2010），居世界第九位。有14条主线和2条支线。巴黎地铁被称为全世界最密集、最方便的城市轨道交通系统之一。每个地铁站设计独特，内部装饰各异，成为展示该国文化艺术的窗口。

巴黎人对他们的地铁系统是十分自豪的。经过一个多世纪的发展，目前巴黎地铁无论是从覆盖的范围、管理的完善程度还是运行的效率来看，都可以说达到了世界一流水平。

3. 莫斯科地铁

莫斯科地铁，全称为"列宁莫斯科市地铁系统"，被公认为世界上最漂亮的地铁，也是世界上规模较大的地铁之一，还是世界上使用效率第二高的地下轨道系统（第一是纽约地铁）。

地下铁道考虑了战时的防护要求，可供400余万居民掩蔽之用。莫斯科地铁各个地铁站以民族特色、名人、历史事迹、政治事件为主题，其中最突出的就是以爱国主义为主题的地铁站。

莫斯科地铁的建筑造型各异、华丽典雅。每个车站都由国内著名建筑师设计，各有其独特风格，建筑格局也各不相同，多用五颜六色的大理石、花岗岩、陶瓷和五彩玻璃镶嵌成各种浮雕，雕刻和壁画装饰、照明灯具十分别致，好像富丽堂皇的宫殿，享有"地下的艺术殿堂"之美称。

4. 东京地铁

东京地铁总里程达到世界第四位。东京人口较多，其地铁从根本上舒缓了城市的交通压力，此外快捷的地铁也有效地控制了汽车的数量，使东京也避免了在城市高速发展中像墨西哥城那样遭受环境污染。东京地铁公司的前身为1941年依帝都高速度交通营团法成立的帝都高速度交通营团。

5.伦敦地铁

伦敦地铁是世界上第一条地下铁道。总长超过400 km。1856年开始修建，1863年1月10日正式投入运营。它长约7.6 km，隧道横断面高5.18 m、宽8.69 m，为单拱形砖砌结构。1863年1月10日，地铁开放，第一天的乘客总数就达到了4万人次。按照当年7月的统计，地铁向公众开放的前6个月里，乘客数量达到477万人次，平均每天有2.65万人次乘坐。伦敦地铁最初的一部分——大都会地铁，亦为世界上第一条市内载客地下铁路，该条铁路在帕丁顿（现在的帕丁顿站）和临时的法灵顿街站（现在的法灵顿站西北）间运行。该线于1863年1月10日通车，成为世界上最早的一条地铁路线。

（二）中国地铁的发展

我国地铁的发展历史大致可以划分为三个阶段：

第一个阶段是20世纪50年代初至80年代末，这一时期我国只有北京和天津修建了地铁，上海进行了一些试验。这个时期的特点是技术条件差、线路少，地铁作为大运量城市公共交通方式的作用没有得到体现。我国于1965年7月在北京开始修建第一条地铁，第一期工程全长21 km，于1969年建成；第2期工程是沿原北京城池内城修建的环线地铁，全长16.1 km，于1971年3月破土动工，1984年9月建成通车。截至2014年5月，以对公众开放的运营里程计算，北京城市轨道交通系统拥有18条线路，总里程544 km，是世界上规模第二大的城市地铁系统（第一为上海）。北京地铁工作日的日均客运量在1 000万人次左右，峰值运量达到1 155.92万人次。天津市地铁于1970年4月动工，1980年1月开始试运营，1984年12月28日正式通车，运营里程长7.4 km。

第二个阶段是20世纪80年代末至90年代末，以上海轨道交通1号线、北京地铁复八线（北京地铁1号线沿长安街东延，由复兴门延长至八王坟地区）、广州地铁1号线建设为标志。这一时期北京、上海、广州等特大城市的交通问题日益紧张，人们逐渐认识到地铁是解决城市交通问题最有效的途径，所以这一时期地铁发展迅速。值得一提的是，由于地铁发展速度太快，20世纪90年代中期出现了一些过热的倾向，另外由于设备国产化率低、造价过高，1995年国务院停止了地铁项目的审批。直到1998年才重新启动。上海第一条长约16.1 km的南北地铁1号线于1990年1月破土动工，于1995年4月正式运营。

第三个阶段是1999年至今，地铁迎来了蓬勃发展的春天，许多城市的地铁项目得到了国务院的批复。这一时期的特点是地铁发展异常迅速，技术、设备国产化率高。有些城市的地铁线路已形成网络，有效缓解了城市中心的交通压力。中国正在形成以地下铁道为骨干、多种类型并存的城市轨道交通体系，上海、武汉、天津、大连等城市建成了快速轻轨交通系统。这些情况表明，中国的城市轨道交通类型正呈现出多元化发展的趋势。

二、轻轨

轻轨是指轴重和运输量比地铁小的城市轨道交通系统。作为城市轨道交通的另一种形式，现代轻轨交通是在有轨电车的基础上发展起来的。1879年，柏林工业展览会上展出了第一辆以输电线供电的电动车。1886年，美国亚拉巴马州的蒙哥马利市开始出现有轨电车系统，而世界上第一个真正投入运行的有轨电车系统是弗克尼的里兹门德有轨电车系统。此后有轨电车系统发展很快，20世纪20年代，美国的有轨电车系统总长达到25 000 km。20世纪30年代，欧洲、日本、印度和我国的有轨电车有了很大的发展，但旧式有轨电车一般都在城市道路中间行驶，行车速度慢、噪声大、舒适度差。

汽车的迅速发展，尤其是私家小汽车的大量涌现，大大加重了城市道路交通的堵塞，于是，各国城市纷纷拆除有轨电车为日益增加的汽车让道。到1970年，世界上仅有8个城市还保留着有轨电车。随着流动人口及汽车的猛增，城市道路的相对有限性与汽车发展的相对无限性之间产生了尖锐的矛盾。在城市，汽车的大量上路带来的是交通堵塞、事故频发、能源过度消耗、尾气与噪声污染等一系列经济、社会、环境问题。"行车难、乘车难"不仅成为市民工作和生活的一个突出问题，而且制约着城市经济的发展。世界各国纷纷探索和思考如何走出这一困境。

20世纪60年代初，西方一些人口密集的大城市，在考虑修建地下铁道的同时，又重新把注意力转移到有轨交通上。欧洲一些发达国家，为满足城市公共交通客运量日益增长的需求，着手在旧式有轨电车的基础上，利用现代化技术，改造和发展有轨电车系统，开发出新一代噪声低、速度快、走行部件转弯灵活、乘客上下方便，甚至可以照顾到老人和残疾人的低地板新型有轨电车。新型有轨电车在线路结构上采用了降噪减震技术，采用专用车道，在繁忙道路交叉处，进入半地下或高架交叉，互不影响，使其在运行速度、技术水平和服务质量上都有很大提高。1978年3月，在比利时国际公共交通联合会上，与会人员确定了新型有轨电车交通的统一名称，即轻型轨道交通，简称轻轨交通。

第三节　电气化铁路

一、电气化铁路的发展

受两次世界大战的影响，电气化铁路在20世纪上半叶没有多大发展，20世纪50年代以后，随着发达工业国家运输需求的急剧增加，各国开始了大规模的铁路运输现代化建设，电气化铁路的建设速度不断加快。电气化铁路发展最快的时期是20世纪六七十年代，平均每年修建5 000 km。到20世纪70年代末，工业发达的西欧、日本等地的主要铁路干线都实现了电气化。20世纪80年代以后，一些发展中国家也加快了电气化铁路的建设步伐，其中以南非和我国的电气化铁路发展最快，南非在1997～1998年就修建了7 898 km电气化铁路，平均每年建成近4 000 km，创造了世界电气化铁路建设速度的历史纪录。

我国第一条干线电气化铁路是宝鸡至凤州段，1961年8月15日建成通车。该线全长93 km，以三个马蹄形和一个螺旋形盘旋于秦岭的崇山峻岭之中，最小曲线半径为300 m，最长隧道达2 360 m，30‰的大坡道长达20 km，行车条件十分困难。

20世纪80年代，我国新建电气化铁路总里程超过5 000 km。此间，我国电气化铁路建设有以下特点：

（1）建设速度明显加快，年建设里程由不足 100 km 到超过 500 km。

（2）利用外资，引入国际先进技术，京秦线 AT 供电技术就是这一时期的典型，它标志我国电气化铁路技术已向世界先进水平迈进。

（3）建设对象除运煤通道外已开始向运输主干线（陇海、京广）及沿海经济特区发展。

（4）开始建设万吨级重载单元列车。

（5）通过技工贸相结合的原则引进具有国际先进水平的技术和设备，使我国电气化铁路的技术装备接近或达到国际先进水平。

20 世纪 90 年代，我国电气化铁路进入高速发展时期，分别建成了鹰厦、川黔、汀黔、兰琥、大秦线东段、郑武、宝中、侯月、包兰、丰准 10 条电气化铁路，总里程达 3 088.1 km，1998 年我国第一条时速 200 km 的高速电气化铁路——广深线建成通车。

进入 21 世纪，我国电气化铁路向快速、高速和重载运输发展，从 1958 年第一条电气化铁路开始修建，到 2012 年 12 月 1 日哈大高铁正式开通，我国电气化铁路总里程突破 4.8 万千米，超越了俄罗斯，跃升至世界第一位。到 2013 年底，我国电气化率已突破 50%，完成总运量的 70% 以上。

二、电气化铁路的组成

电气化铁路是利用电能作为牵引原动力的轨道运输的总称。由于它的牵引动力是电能，所以又称电力牵引。它与蒸汽牵引和内燃牵引不同的是电力机车（或电动车组）本身不带能源，必须由外部供给电能。专门给电力机车（或电动车组）供给电能的装置称作牵引供电系统。因此，电气化铁路是由电力机车和牵引供电系统两大部分组成的。电气化铁路的牵引供电系统本身并不产生电能，而是将电力系统的电能传送给电力机车（或电动车组）。为了区别牵引供电系统，一般把国家的电力系统统称为电气化铁路的一次供电系统，也称为电气化铁路的外部供电系统。

由于牵引供电系统主要由牵引变电站（所）和接触网两部分组成，所以人们又称电力机车、牵引变电站（所）和接触网为电气化铁道的三大元件。

（一）电力机车

电力机车由机械、电气和空气管路系统组成。

机械部分主要包括车体和走行部分。

电气部分主要包括受电弓、主断路器、牵引变压器、转换硅机组、调压开关、整流硅机组、平波电抗器、牵引电动机和制动电阻柜等。

空气管路系统主要包括空气制动、控制及辅助气路系统。

电力机车受电弓将接触网的高压电源引入机车内部，与接触网是滑动摩擦取流的。受电弓对接触网的静压力为 68.6 ± 9.8 N。受电弓滑板的最大工作范围为 1 250 mm，允许工作范围为 950 mm。

（二）牵引变电站（所）

牵引变电站（所）的主要任务是将电力系统输送来的 110 kV 三相交流电变换为 27.5（或 55）kV 单相电，然后以单相供电方式经馈电线送至接触网，电压变化由牵引变压器完成。电力系统的三相交流电改变为单相，是通过牵引变压器的电气接线来实现的。牵引变电站（所）通常设置两台变压器，采用双电源供电，以提高供电的可靠性。同时，牵引变电站（所）还设置有串联和并联的电容补偿装置，用以改善供电系统的电能质量，减少牵引负荷对电力系统和通信线路的影响。

（三）接触网

接触网是架设在铁路线路上空、向电力机车供给电能的特殊形式的输电线路。接触网额定电压为 25 kV，最低电压不低于 21 kV，当行车速度为 140 km/h 时，最低应保持 23 kV。

1.接触网应具备的性能

接触网没有备用，长年暴露于铁路上方，经受污染、腐蚀和机车受电弓摩擦。对接触网的要求如下：

（1）在各种恶劣环境条件下应能不间断供电，保证电力机车在最大运行速度时能正常取流。

（2）器材要有足够的机械强度和电气强度，要有相应的抗腐蚀能力，零件要尽量标准化、系列化，扩大互换性。

（3）结构合理，方便施工和运营。

（4）接触网发生事故后，经过抢修应能尽快恢复供电。

2.接触网的组成

接触网由支柱与基础、支持装置和接触悬挂三部分组成。

（1）支柱与基础

由支柱、基础及下部附件组成。用于承受接触悬挂、支持装置的负荷，并把接触悬挂固定在规定的位置上。

（2）支持装置

包括腕臂、拉杆（压管）、定位装置、软横跨、硬横跨等。它的作用是支持悬挂，并把悬挂的负载传递给支柱与基础。

（3）接触悬挂

包括接触线、吊弦、承力索和连接它们的零件。它的作用是将电能传输给电力机车。

第四节　磁浮交通

传统的铁路列车之所以能向前推进，主要是因为钢轨与列车之间具有黏着力或摩擦力，借由列车的机车或动车组内的动车加速产生的向前牵引力克服阻力而前进。随着列车速度的提高，黏着力减小，列车所能产生的牵引力变小；同时，列车所受空气阻力增大。当列车速度达到一定值时，牵引力等于阻力，若继续加速，则车轮将出现空转现象，速度无法再提高。因此，欲使列车速度继续提高，不外乎减小列车阻力，或不采用黏着力推进列车前进，即列车不与轨道或地面接触，放弃使用车轮。

磁浮理论由德国人赫尔曼·肯佩尔（Hermann Kemper）提出，并在1934年获得"无轮磁浮列车"的专利。直到1969年，德国才开始研究试制磁浮列车，并研制了小型磁浮样车，同时在埃姆斯兰县建造了31.5 km长的试验轨道。1992年，德国政府同意在柏林与汉堡间以现有技术为基础建设一条磁浮线，但该项目最终因沿线居民的反对以及高昂的建设成本而流产。日本也在 1972 年在日本国有铁道及日本航空的主导下成功进行了超导磁浮列车试验。试验车重 22 t，时速达到 50 km/h，1977 年 12 月，速度提升至 517 km/h。目前日本计划修建的东京至大阪的中央新干线将在原有的实验轨道基础上建设，并采用超导磁浮技术，最高时速可达 505 km/h。预计东京至名古屋段将在 2027 年通车运营，名古屋至大阪段将在 2045 年通车。

我国在 1991 年启动对磁浮系统的研究，目标为中低速磁浮系统。2004 年，我国首条商业运营的磁浮线路——上海浦东磁浮线在上海开通运营，而这也是当时世界上仅有的投入商业运营的磁浮线。线路自浦东机场至龙阳路，全长 31 km，运行时间 8 min，最高时速可达 436 km/h，而这也是目前世界上投入商业运营的磁浮线路中速度最快的。2016 年 5 月 6 日，我国首条中低速磁浮线——长沙磁浮快线也投入运营。线路全长 18.55 km，始于长沙南站，终于长沙黄花机场，最高时速为 100 km/h。

按速度来分，磁浮技术可分为高速磁浮和中低速磁浮，其中高速磁浮的时速可达到 500 km/h 及以上，中低速磁浮时速约为 100 km/h。按是否采用超导电磁铁，磁浮技术又可分为超导和常导两类。由于超导磁浮列车只有当时速超过 150 km/h 时列车才浮起，因此超导磁浮均为高速磁浮。磁浮列车的基本原理是磁铁的同性相斥、异性相吸特性，列车磁浮方式主要分为排斥力悬浮与吸引力悬浮两种。

磁浮列车前进的动力也是电磁力，它由直线电机提供。直线电机的工作原理如同将旋转电动机的定子和转子剖开展平，即将转子和定子的半径视为无穷大，此时转子的转动就改变为向前推进的平动。电磁力不仅可支撑车体重量，推动列车前进，还可用于导向。当车体没有横向位移时，导向线圈内无电流流通，也没有消耗电能；若产生横向位移，在导向线圈内则有与左右位移成比例的电流通过，产生复原力，保证磁浮列车在前进过程中始终与导轨方向一致。

相对高速铁路而言，磁浮列车速度更快，能耗并未有太大增加，适宜成为接近飞机速度的陆上交通工具。在不影响乘客舒适性的情况下，从静止加速至 300 km/h 只需要行驶 5 km。但磁浮技术的一大劣势在于高昂的建设与运营成本。磁浮列车作为陆地上最快速的客运运输工具，其主要竞争对手是飞机。在运营时间一定的情况下，若磁浮交通运营距离与航空接近，则磁浮的竞争优势将比较明显。

第二章 铁路牵引供电系统

第一节 铁路牵引供电系统概述

一、一般说明

铁路牵引供电系统可分为铁路供电电能的发电、传输、变配电、牵引供电和位置不断变化的电力机车取流。

与国家电网供电明显不同的是,铁路牵引供电是要将电流通过接触网传输给位置不断变化的用电负荷。因此,铁路牵引供电的负荷不仅仅像国家电网供电系统负荷那样,其大小随时间变化,而且位置也有变化。

电气化铁路运营的可靠性很大程度上依赖于牵引供电的可用性和可靠性,特别是对接触网提出了很高的要求。在铁路供电系统中,出于经济和技术的考虑,接触网是唯一没有冗余设置的部分。

铁路供电系统所有的电力设施的设计、安装和运营都必须满足可用性与可靠性的要求。

二、铁路用电的来源与传输

对于采用直流供电和国网频率的交流供电的铁路,牵引电能直接从公共电网获取电能;对于采用 16.7 Hz 电流制式的铁路专网供电系统,既有通过自发电设备和变配电传输的设备获得电能的,也有像瑞典、挪威和德国那样从公共电网获取电能的。

直流供电的铁路从额定电压为 10 kV(6 kV)到 30 kV 的三相交流电网获得电能。

交流供电的铁路则从 110 kV 电网获得电能。对采用国家公网频率的电源供电的，还可以使用更高的电压等级。对于 16.7 Hz 制式的交流供电铁路，如果采用分散供电方式，则可从三相 110 kV 公共电网获得电能；如果采用集中供电方式，则需从专门的 16.7 Hz 的 110 kV 供电网络获得电能。

三、铁路供电的分配

铁路供电系统的核心组成部分是铁路用电的分配。铁路供电系统的变配电任务是将输入变电站的电能转换成符合各个铁路牵引供电制式相应要求的电源形式，并且将电能传输给用户负荷。变电站（所）（Uw）的作用就是将铁路电源直接输送给接触网设备。与之相对应，变电站（所）有如下的类型：

（1）铁路电压变换站。俗称变电所，在交流供电铁路中，将来自输变电网的电源电压转成接触网额定电压。

（2）铁路整流变电所。在直流供电铁路中，将公共电网的三相交流电转换成相应的直流电制式，其电压为接触网所需要的额定电压，并将电能传输给接触网设备。

（3）分散式供电的变压变流站。借助于旋转电机，将三相 50 Hz 工频电网电源转换为单相的 16.7 Hz 电源制式，同时将电压转换成所需要的额定电压，并且将电能传输给接触网系统。

（4）分散的变频变流站。其任务与分散时供电的变压变流站一样，但借助功率电子器件和电力电子技术实现变频和变压。

为了能将刹车制动能量重新回馈到电网，变电站本身必须具有回流回馈的能力。牵引变电所、分散供电的变流所肯定具有回馈能力，而整流变电所和分散的变频变流站必须配备具有再生电能回馈电网能力的变流部件。

综上所述，在上述各类变电站内，必须将所输送电能的电压和频率调整为接触网所需要的额定数值。如果接触网设备采用的工作频率与公共电网的频率一致，则变频的过程可以省掉。

变电站区域也称为供电（臂）区域，指的是正常运营情况下由一个变电站供电的所有区段。供电区段指的是通过变电所的线路分支回路也就是变电所区间正线馈线所供电的接触网供电臂分区。干线铁路正线相邻变电站的供电臂之间可通过设置保护区段加以隔离。

该保护区段是一个中性区或者接地的接触网分区，该区段可隔离开各供电臂区域，使电力机车的受电弓不会将（相邻变电所之间的）供电臂相互短接起来。

在有不同运营单位分界的情况下，可通过该保护区段和分区所将供电系统组成一个整体。分区所通过开关实现供电臂区段的纵向和横向导通，从而降低接触网电压降。在正常运营的情况下，可通过分区所或者开闭所将变电站（所）区域连接起来，从而将电力再生制动中产生的刹车能量更好地反馈回电网。

变电站（所）区域的供电分段与分束，可通过接触网绝缘锚段关节或者分段绝缘器实现电气隔离。在正常运营时，线路绝缘锚段关节或者分段绝缘器可通过隔离开关跨接，并在机车受电弓通过时导通。

第二节　铁路牵引供电系统的制式

区分不同类型的电力牵引供电系统时，一般看其所采用的电流系统制式。起初，列车电力牵引采用直流供电制式，原因是：①直流电机是最早发明的电动机器设备，早在约1830年就已问世；②维尔纳·冯·西门子（Ernst Werner von Siemens）发现电动力学原理后，为有效利用供电传输功率创造了必要的前提条件；③直流电机中转速调整较简单；④与并联整流电动机相比，串联式整流器电动机的电枢电流要小得多，这对整个电气传输系统来说都是有利的。

因此，直至今天全球仍有大约一半的电气化铁路沿用了直流供电制式。直流供电制式铁路的缺点在于其额定电压较低。因此，在需要传输一定牵引功率的情况下，电流必须加大，这就会导致损耗加大和导线截面加大。

19世纪末，电力技术已经发展到可在电气化铁路采用交流供电的程度。随着交流供电的引入，供电系统可在传输过程中应用较高的电压，从而规避了直流电系统的缺陷。对于工频50 Hz的交流电而言，当时采用的整流子式（换向器）电动机曾带来了新的问题，这也是最终引入单相 16⅔ Hz（50/3 Hz）交流供电制式的原因。

在 1912 年与 1913 年之交，德国铁路管理部门引入了"16.7 Hz 单相交流供电制式"，随后奥地利、瑞士，挪威和瑞典也相继采用了同样的电流制式。实践证明，这种电流制式对于高速电气化铁路来说不失为一种高效的电气化供电系统。

大约 25～30 年后，在德国赫棱塔尔谷铁路中第一次应用了 50 Hz 铁路供电系统。当时的经验认为，为了能重新使用直流电动机以及进一步发挥交流供电的优势，只有在机车中配置整流设备。由于整流设备整流后变成的直流电流中仍有交流电流成分，因此该电动机是混合电流（直流和交流）的负载（即为混合电流电动机）。功率电子技术领域的进步诞生了新的驱动技术——三相交流驱动技术，因此该交流供电制式成为新建电气化工程中优先考虑使用的电流制式。

一、直流牵引供电系统

如果算上长途干线铁路和短途轨道交通，那么现今一半以上的电气化铁路都采用了直流供电。这种供电方式是从公共供电网获取的三相交流电源，通过整流变电站转换成各种额定电压的直流电。直流供电铁路的建设和运营必须特别注意牵引电流回流的问题，以最大限度地降低电流腐蚀的危险性。

在短途轨道交通铁路中，为了规避电压过高带来的潜在风险，应用的额定电压最大控制在 1 500 V 之内。市郊短途轨道交通中大多采用的额定电压为 750 V 和 600 V。由于额定电压不高，因此未采用交流供电。如果应用交流供电，则除了出现电阻性电压降，还会出现感应电压降，而且正常情况下的感应电压降明显大于电阻性电压降。这种变电站之间的距离为 1.5 km 到 6 km。在长途干线铁路中采用 DC1 500 V 和 DC3 000 V 供电，变电站间距可达 20 km。市内有轨电车的整流变电站容量为 1～3 MW，而长途干线铁路的则可达 20 MW。由此可见，这种直流牵引供电系统最大的缺点在于最大电压相对较小，即最大仅为 3 kV。由于电压较小，当接触网传输一定功率时必然要求电流相对较大，这会导致电压降较大、损耗较大、变电站间距较小、基础设施材料投入高。如果直流牵引供电系统能够采用较高的电压，则能克服上述缺陷。

直流牵引供电系统的一个特别优势体现在运行的电力机车上。这种机车从功能上讲完全不需要装设变压器，因此与交流供电的机车相比其重量要小得多。对短途轨道交通来说，由于运行过程中需要加速的次数较多，因此（这种供电方式下）加速所需要的能耗要低些。

如果能将直流机车的优点与接触网所采用的高电压（10~12 kV）的优势结合起来，那么直流牵引供电系统制式与交流供电制式相比将具有明显的优势。

二、16.7 Hz 交流铁路牵引供电系统

此种供电系统制式的优点在于交流电的电压可根据需要变换。欧洲形成了两种类型的 16.7 Hz 铁路供电系统的变配电形式。1913 年开始，德国、奥地利和瑞士形成了集中式的铁路专网供电系统。

集中式铁路专网供电系统的特点如下：

（1）现有的铁路专网供电系统额定电压为 55~132 kV，从发电厂到电网变电站的输变电系统的额定频率为 16.7 Hz；

（2）通过安装在水电厂、火力发电厂和核电厂中的 16.7 Hz 发电机产生 16.7 Hz 的电能。这种产生电能的方式称为一次能源生产。

（3）通过变压变频站和变压变流站可将 110 kV 地方电网与上述的 16.7 Hz 铁路供电网连接起来。

（4）在牵引变电站中通过变配电将 110 kV 电压的单相电源转换成接触网的 15 kV 形式。

分散式铁路牵引供电系统自 1968 年起在德国的部分路网上投入运营。该系统的特点是利用分散布置的变压变流站（dUfw）以及变压变频站（dUrw），就近在牵引网馈电点将地方电网的（三相）电源转换成 16⅔ Hz 的（单相）电源。

分散式变频站和变流站身兼两个任务：

（1）通过转换地方电网的 50 Hz 电源，产生 16.7 Hz 的单相电源；

（2）通过母线和线路分支回路进行 16.7 Hz 电源的分配。

对于分散式铁路牵引供电系统，通过分散的变流站或变频站将地方电网与接触网直接相连。

上述两种 16.7 Hz 铁路供电系统的某些特征不一样。表 2-1 将两种供电方式的部分参数进行了对比。

表 2-1　集中式和分散式铁路供电系统的对比

对比项	集中式	分散式
接触网的电气接线方式	相邻变电所并联双边供电	邻近的变压变流站并联供电
变电站（所）母线的电压稳定性	供电电压取决于负荷，当额定功率变为两倍时，降低到供电电压的 0.8 的水平	所有负载条件下都能保证母线电压的恒定
变电站（所）间距	相对于分散式，较小	相对于集中式，较大
牵引负荷的特点	变电站（所）层面上没有差别	
功率储备裕量	可通过 110 kV 电网进行负荷峰值补偿，可以采用单向变压运行方式	大负荷峰值会增加电能设备容量，只有在可转换负荷特征曲线以内才能采用单向变压运行方式
安装容量	没有差别	
备用方式	集中备用	分散变电站内各自备用
功率因数	0.91	0.91
接触网短路电流	最大 45 kA	最大 25 kA
可用性	没有差别	
铁路供电网的无功功率	较高	较低，因为没有铁路架空输变电线路
110 kV 铁路供电网 • 线路长度 • 导线损耗	• 约 1.3×变电所间距 • 在相同的传输功率条件下，与三相交流电网相比，是其两倍	• 约 0.05×变电站间距
生产效率	大系统，转换效率较高	与集中转换相比，设备系统较小，转换效率较低

总体说来，不管是分散式还是集中式铁路供电系统，都能够在列车不断行驶的过程中给列车提供安全、可靠的电能，且能保证所要求达到的电能质量参数。通常，分散式变频站短时负荷峰值容量需选得很大，鉴于目前能源价格的核算体系以及分散式变压变流站昂贵的维护费用，目前德国集中式供电系统的范围日益扩大，同时分散式牵引供电系统正在重新被改建为集中式专网供电系统。

最初关于 16⅔ Hz＝50/3 Hz 的定义始于 1912 年，尽管当时铁路供电系统不是从 50 Hz

电网系统中获取电能,而是从自发电的电厂中获取。根据这个要求,当时曾通过提高涡轮转速,将已经建成的一个发电站(1911年运行的频率为15 Hz)调整成16⅔ Hz的频率。

德国铁路、奥地利铁路和瑞士铁路的集中式铁路专用供电网采用的工作频率为16.7 Hz。该值是电网管理规定的额定频率目标值,随时可变。

三、可互操作性要求

除了上面所描述的电流供电制式,还有一种应用于英国东南部长途干线铁路的第三轨供电的直流 840 V 供电系统。随着欧洲一体化的推进,1992 年 2 月 7 日通过的《马斯特里赫特条约》第 129b(2)章要求推进欧洲各成员国之间铁路供电网的可互操作性,以形成欧洲统一的路网。为了保证技术和运营的可互操作性,必须将以下的既有标准统一调整为一种兼容模式,即 5 种轨距、6 种建筑接近限界、5 种供电制式、13 种列车安全信号系统与通信系统。

1996 年 7 月 23 日发布的欧洲条例 96/48,在详细说明欧洲跨国联运高速铁路的章节提出了要制定可互操作性技术规范(TSI)。该规范介绍了子系统接口、对子系统的要求,并定义了所要求的重要参数。所涉及的子系统包括基础设施、供电、列车控制、安全与信号系统及列车。

除此以外,TSI 还包括功能性的子系统——维护、运营、环境和乘客。

TSI 中包含了对高速铁路系统的技术和运营兼容性的最低要求。为了保证高速铁路系统与既有铁路网的兼容性,TSI 中对每一种参数定义了两个特征值,例如:

(1)供电系统:AC25 kV 50Hz 系统和 AC15 kV 16.7 Hz 系统。

(2)接触网高度:5.08 m 和 5.30 m。

(3)站台高度:550 mm 和 760 mm。

为了实现高速铁路的可互操作性,规范还规定受电弓应采用统一的滑板几何尺寸与形状,即定义了针对所有相关铁路的受电弓宽度和受电弓工作范围。

其中包括:

(1)直线区段的相对于轨道中心线的接触线允许偏出值,在各种工作高度下包括在侧向风作用下，均不得超过 400 mm。

（2）无论车速多快，由车辆或者受电弓自身摇晃导致的受电弓侧向位移即晃动量，在直线区段不得超过 200 mm，该晃动量包括了轨道几何位置的误差。

曲线区段导高 5 300 mm 处允许限界轮廓线和接触线的位置，需符合欧洲统一受电弓滑板的相关要求。

第三节　铁路牵引供电方式

针对牵引网的结构，采用不同的技术措施和装备，便形成了不同的牵引供电方式。其目的是减少牵引网对邻近通信线路的干扰，降低牵引网的电压损失和电能损耗，提高电气化铁路的效益。工频单相 25 kV 牵引网的供电方式主要有直接供电方式（TR 供电方式）、带回流线的直接供电方式（TRNF 供电方式）、吸流变压器供电方式（BT 供电方式）、自耦变压器供电方式（AT 供电方式）以及同轴电缆供电方式（CC 供电方式）。其中，AT 供电方式是目前高速铁路普遍采用的供电形式，CC 供电方式是比较新型的供电形式，但未普遍使用。目前，正在研究和试验的同相供电技术是今后高速铁路发展的趋势。

一、AT 供电方式

在牵引网中并联自耦变压器便形成 AT 供电方式。AT 供电方式除了具有显著地降低电气化铁路对外界的电磁干扰的优势，还具有现行其他供电方式所不具备的技术优势，因而被许多国家采用。

（一）AT 供电方式工作原理

AT 供电方式的原理如图 2-1 所示。牵引变电所牵引侧电压为单相 55 kV 或两相 2×27.5 kV。AT 表示变比为 2∶1 的自耦变压器。牵引网接触线和正馈线接在自耦变压器原边，构成 55 kV 供电回路，而钢轨与自耦变压器的中点连接，使接触线和钢轨间的电压仍然保持在 27.5 kV。因此，在自耦变压器原边与变电所之间形成长回路，在列车所在的 AT 段形成短回路。由于长回路电压提高了 1 倍，在相同的牵引功率下牵引网上的电流减小，因此电压损失、功率损耗都大大降低，AT 供电系统运行的技术指标得到大幅改善。自耦变压器的容量视铁路运量及 AT 间隔而定，通常自耦变压器的容量为 2 000～3 000 kVA，AT 间距为 8～12 km。

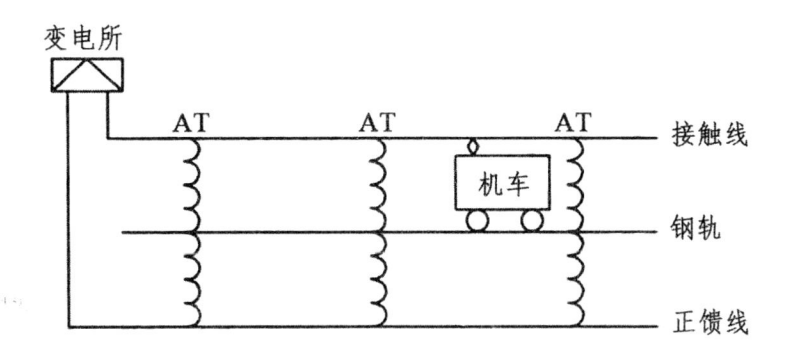

图 2-1　AT 供电方式原理示意图

（二）AT 供电方式对通信线路抗干扰原理

首先假设自耦变压器的阻抗为零，AT 的原绕组 n_1 与 n_2 串联接于电源，n_2 连接负载，如图 2-2 所示。当电力机车处于两台 AT 之间（AT 段）时，设牵引电流为 i，对段内同时由 AT_3、AT_4 的副绕组供电，其值分别为 i_{C1}、i_{C2}（与机车和 AT_3、AT_4 的距离成反比例分配）。两电流同时流经钢轨—地回路，并有部分流入大地，均在 AT_3、AT_4 的原边绕组 n_1 感应电流的作用下被吸流至正馈线。此时段内两台 AT 中每台的串联绕组 n_1 与 n_2 中的负荷电流总是大小相等、方向相反，其所产生的磁通相互抵消。

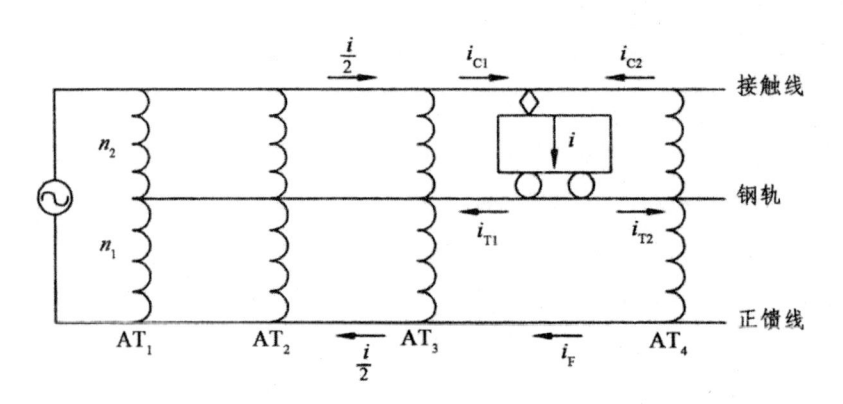

图 2-2　简单单线 AT 网络示意图

实际上，由于自耦变压器存在阻抗且容量有限，因而远离机车的 AT 也提供部分牵引电流，致使全部供电区的轨道—地回路中都有电流流通，并相应地存在地中电流，导致对邻近通信线路产生电磁感应影响。但由于 AT 阻抗很小（一般为 0.45 Ω），因而机车所处 AT 段以外的每台 AT 向机车供给的牵引电流较小，可有效降低全线的电磁感应影响，其防护效果与 BT 供电方式相当。

（三）AT 供电方式的主要技术特性

（1）牵引网传输功率和电压水平提高。由于 AT 原边电压为接触网电压的 2 倍，因此只有 1/2 牵引电流通过接触网和正馈线，才有利于牵引网以较大功率传输电能。同时，牵引网的电压损失和功率损耗大幅度降低，可提高电压水平，提高运营的经济效益。

（2）牵引网电压提高为 2×27.5 kV 后，牵引变电所的间隔可增大为 90～100 km，变电所主变压器副边绕组和相应的开关设备绝缘水平应提高，牵引网单位阻抗比 BT 供电方式显著降低。但牵引网结构复杂，并在沿线设置若干台自耦变压器及相应的开关设备和避雷器等（称为 AT 站），使牵引网系统（含 AT 站）的造价增加，维护运行工作量增多。

（3）对通信线抗干扰特性较好，且接触导线不需要分段，有利于列车高速运行。

总之，采用 AT 供电方式时，应对牵引供电系统做全面、综合的技术经济比较，尽量发挥它的技术优势。在高速重载铁路电气化区段中，AT 供电方式有较强的适用性，也可因地制宜地采用 AT 供电方式和带回流线的直接供电方式相结合的综合供电方式。

二、同相供电技术

在世界交通运输面临能源紧缺、环境污染、事故多发、效率较低的情况下,高速铁路以其节能、环保、安全、高效、快捷的特点得到快速发展。作为高速铁路牵引负荷的动力,牵引供电系统显得尤为重要,其供电质量对高速铁路的安全、可靠、经济运行有重大影响。

但是,当前牵引供电系统的谐波、无功、负序、通信干扰以及过电分相等,降低了供电的效率与质量,且对高速铁路的安全性、可靠性构成威胁。研究解决这些问题,建立适合高速铁路运行的牵引供电系统具有很大的现实意义。

(一) 牵引供电系统存在的问题

目前,国内外电气化铁路牵引供电系统采用的都是异相供电方式。由于该供电方式作用的对象是交—直整流器型的单相交流电力机车,是非线性、移动性动态负荷,因此在系统中容易产生负序电流,造成系统严重的不平衡。为了达到电力系统的平衡,牵引变电所需要采取三相进线换相连接,使各供电区段用分相绝缘器分隔。在电力机车过电分相时,这种负荷又会为系统注入各次谐波电流,引起激磁涌流,使系统电流增大、设备线路损耗增大、系统无功功率增加、功率因数降低,导致设备与仪器发热、振动甚至损坏,使设备利用率降低,同时对通信控制系统造成干扰,使其无法正常工作。这些都严重制约着高速、重载电气化铁路的发展。为此,世界各国采取了一些补偿措施,加装了一些补偿装置,但效果都不理想。

我国电气化铁路一般采用单边供电方式,牵引变电所向牵引网供电时,每一个供电臂的牵引网只从一端的牵引变电所获得电能,每个牵引变电所负责向该所两侧的供电分区供电。相邻两供电分区之间设置电分相。异相供电方式结构图如图2-3所示,其中实线是直接供电方式下的结构图,虚线是AT供电方式下的结构图。

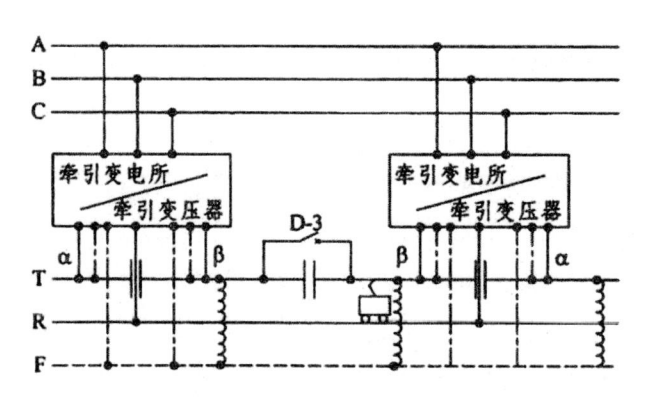

图 2-3 异相供电方式结构图

运行经验证实,工频单相交流制的电气化铁路具有很多优点和较明显的经济效果,从目前世界各国高速电气化铁路的发展情况来看,今后的发展方向主要是采用工频单相交流制。牵引供电系统的供电对象是电力机车,而电力机车为单相、移动性动态负荷,负荷电流受线路状况和机车本身运行工况(启动、加速、过电分相、制动与再生等)等因素的影响,具有随机剧烈波动的特性。加之我国电气化铁路运行的电力机车主型是交—直整流系统,是一种非线性、低功率因数负荷,将为牵引供电系统和电力系统注入各次谐波电流,成为一种谐波源。在电力机车不同工况下,牵引负荷电流相位角(相对于牵引网电压)的变化幅度较大,致使功率因数偏低。

电分相、三相不平衡等成为高速铁路发展的瓶颈。而同相供电技术通过平衡变换实现三相平衡,使用对称补偿,能从根本上解决无功、负序等干扰。

(二)牵引供电系统存在的问题的危害

我国现行的电气化铁路均为工频单相交流制供电,而城市轨道交通均采用直流制供电。工频单相交流制供电系统在实现向电力机车(或动车组)供电的过程中自身存在两个问题:第一,电气化铁路对电力系统电能质量的影响;第二,电分相对电力机车(或动车组)运行的影响。

1.电气化铁路对电力系统电能质量的影响

我国电气化铁路对电力系统的影响主要有以下几个方面:一是负序的影响,二是谐波的影响,三是无功与电压偏差的影响。

（1）负序的影响

我国的电气化铁路通过三相电力系统经牵引变压器将 110 kV（或者 220 kV）电压降低为 27.5 kV（或者 55 kV）后向牵引网和电力机车进行单相供电。而牵引供电系统的运行方式主要由牵引变压器接线方式决定，其中除纯单相接线，其他都是两相（异相）供电，相对三相电力系统而言，牵引负荷都是单相负荷。牵引变压器不对称的供电方式，必然会在电力系统中产生负序电流，从而对供用电设备造成一系列危害。例如，发电机转子温升幅度增加，引起附加振动；变压器能量损失增多，在芯磁路中产生附加发热；输电线中能量损失增多，降低线路的输送能力；继电保护与自动装置负序参量启动元件误动作增多等。

①对旋转电机的影响。

负序电流流过发电机时，产生负序旋转磁场，进而产生负序同步转矩，使发电机产生附加振动。对于汽轮发电机来说，转子是其关键部分，而转子的负序温升比定子大，因此存在局部的温升发热部位，危及其安全运行和正常出力。负序电流也会影响三相电动机的正常运行，尤其对感应电动机的定子绕组的影响最为明显。同时还将在电动机中产生反向旋转磁场，该磁场将对转子产生制动转矩，影响电动机的出力。

②对继电保护的影响。

负序电流会干扰继电保护和自动装置的负序参量启动元件，使它们频繁启动。其中距离保护的负序振荡闭锁装置误动以后，除了触发声光报警信号，还有可能使距离保护转入闭锁状态，使线路在当时失去保护。

③增加电网损耗。

负序电流流过输电系统时，不仅占用系统容量，而且会造成电能损失，降低输电系统的输送能力。

④对用户的影响。

在低压系统中，如果三相电压不平衡，将对照明和家用电器正常安全工作造成威胁。因为这类设备大多是单相的。这类设备如果接在电压过高的相上，则会使设备寿命缩短，甚至损坏；如果接在电压过低的相上，则会使设备不能正常工作。

（2）谐波的影响

电气化铁路牵引负荷谐波特性主要由牵引负荷类型决定。我国目前的电力机车主要为交—直型机车和交—直—交型机车（动车组）。

我国目前普遍使用的交—直型电力机车都是采用相控方式，如 SS4、SS9、8K 和 6K 等交—直型电力机车主电路一般采用晶闸管分段相控方式。当导通角不同时，其波形变化很大，谐波含量变化也较大。

随着我国高速客运专线和重载铁路的飞速发展，交—直—交型电力机车（动车组）的应用也日益广泛。相对而言，交—直—交型电力机车（动车组）由于采用了 PWM 整流方式，交流电网侧产生的谐波含量大大降低，因而对电力系统的影响已经显著降低。

谐波电流对电网造成严重污染，使用电设备环境恶化，其危害主要有：

①谐波增加了公共电网中各元件的谐波损耗，导致用电、输电、发电设备的效率降低。

②在供电线路中产生附加耗损，使供电线路、送变电设备以及其他用电设备发热程度增加，如损耗程度加大，引起材料发热、绝缘老化、绝缘材料寿命缩短等。

③影响继电保护装置的正常工作。谐波对继电器设备的运行有极大的影响，一旦有谐波干扰，继电器相关特性便会发生一些变化，从而影响继电器的正常运转。继电器工作不能顺利进行，会对铁路牵引供电系统的安全运行造成极大的威胁。

④谐波会使供电系统电力网局部出现串联或并联谐振的现象。串联或并联谐振的发生，会引发过电压或过电流，使许多电容器组不能正常工作，最终导致负载能力下降。

⑤对铁路沿线的通信系统产生干扰，降低通信质量或使通信系统无法正常工作。

⑥因介质击穿或无功过载而使电容器组发生故障。

⑦干扰纹波控制电力载波系统，使遥控、负荷控制和遥测的运行异常。

⑧谐波过电压引起电缆的绝缘介质被击穿。

⑨对通信系统产生感应干扰。

⑩引起感应式电度表的计量误差。

⑪引起信号干扰和保护误动，特别是固态型和微机型的。在谐波影响下，有的保护闭锁装置因频繁动作而不得不退出运行。

⑫干扰大型电机控制系统和电厂励磁系统。

⑬引起感应电机或同步电机的机械振动。

⑭引起基于电压过零检测或闭锁的触发电路的不稳定运行。

（3）无功与电压偏差的影响

①无功的影响。

牵引供电系统存在的这些问题，会给电力网及用户带来极大的危害，对变压器以及电力线路造成一定的影响。牵引供电系统是一个会随时发生变化的感性负载，当其承载一定的电压后，由于变压器以及牵引电机等一些设备的非线性关系，机车电流中会产生谐波成分。由于这些谐波在铁路牵引变电所的三相供电系统中的分布不对称，当铁路牵引供电系统的牵引负载功率过大，其空间和时间上分布不均匀和不对称时，就会导致牵引供电系统成为电力系统中主要的无功源。其危害主要表现在以下方面：

a.提升了整个牵引供电系统中的有功损耗，并增加了系统供电线路及供电设备中的发热热量，从而使系统出现能量损耗。

b.增加了无功容量，使线路电流增大和视在功率增加，从而使发电机、变压器以及其他电气设备和导线的容量增加，进而降低了供电设备的功率及容量的利用率。

c.使线路及变压器的电压降增大。如果是冲击性无功功率负载，还会使电压产生剧烈波动，使供电质量降低。

②电压偏差的影响。

我国目前仍大量采用的交—直型电力机车的平均功率因数为0.8，会产生大量无功功率，在供电系统中引起电压偏差。交—直—交型电力机车（动车组）的功率因数接近，基本不存在无功引起的电压偏差问题。

电压偏差过大，会给电气设备和电力系统的运行带来一系列危害：

第一，对照明设备的影响。电气设备都是按照在额定电压下运行而设计、制造的。照明常用的白炽灯、荧光灯，其光视效能、光通量和使用寿命，均与电压有关。

第二，对电动机的影响。用户中大量使用的异步电动机，当其端电压改变时，电动机的转矩、效率和电流都会发生变化。异步电动机的最大转矩（功率）与端电压的平方成正比。如果电动机端电压降低过多，电动机可能因转矩降低过多而停止运转，从而使其带动的生产设备运行不正常。

第三，对变压器、互感器的影响。电压升高对变压器、互感器的影响主要有两方面：一是励磁电流增加，铁芯温升增加；二是加快绝缘老化。当电压降低时，在传输同样功率的条件下，绕组损耗增加。

第四，对并联电容器的影响。电压降低使电容器无功功率输出大大降低。电压升高，虽然无功功率提高，但绝缘寿命缩短。

第五，对家用电器的影响。电压降低使电视机色彩变差、亮度变暗。电压偏移过大，可能使电子计算机和控制设备出现错误结果和误动等。

第六，对电力系统运行产生影响。

电压降低时，对系统运行的影响主要有三个方面：

第一，系统电压越低，稳定功率极限越低，功率极限与线路输送功率的差值（即功率储备）越低，从而容易发生不稳定现象，造成重大事故。

第二，当电网缺乏无功功率，运行电压低时，可能因电压不稳定造成系统电压崩溃，也会造成大量用户停电或系统瓦解。

第三，输电线路和变压器在输送相同功率的条件下，其电流大小与运行电压成反比。电网低电压运行，会使线路和变压器电流增大。线路和变压器绕组的有功损耗与电流平方成正比。低电压运行会使电网有功功率损耗和无功功率损耗大大增加，从而提高了线损率，增加了供电成本。

（4）并联无功补偿

并联无功补偿的最适场合是有无功补偿要求的不对称负荷。从原理上讲，电气化铁路只有采用并联无功补偿才能实现对无功、负序、谐波的综合补偿。就电气化铁路而言，主要应用的并联补偿可以安装在牵引变电所的牵引母线上，也可以安装在牵引网的某一特定地点或机车上。前者称为牵引变电所的并联补偿，后者称为牵引网的并联补偿。

①牵引变电所的并联补偿。

牵引变电所的并联补偿分为并联电容补偿和并联无功补偿两种，可以与牵引网的并联电容补偿联合运用，也可单独运用。考虑到投资效益比，电气化铁路多单独运用。

无功和负序的存在不仅产生额外的有功功率损失，还产生无功功率损失，进而额外占用系统容量，降低（三相）设备容量利用率，同时还会使网压降低和不对称度增加。牵引变电所的并联补偿，旨在最大限度地降低无功和负序，从而改善技术指标，提高经济效益。

②牵引网的并联补偿。

a.机车上的并联补偿。

就直接在用电点补偿无功而产生的效果来看，在机车上安装并联电容器补偿是最有效的。为了取得尽可能好的补偿效果，同时考虑到机车取流的剧烈波动性和有奇次谐波分量（非线性）流经机车牵引变压器以及进行降压后控制电容器组的方便性，一般在机车的牵引变压器次边安装分级可调的单调谐滤波器，在基波下向外释放可随机车功率分级调节的感性无功，以供牵引电路之需，同时还滤除一定量的谐波。

由于机车上重量和空间有限，机车上安装的并联补偿或滤波装置的容量自然受到限制。另外，虽然机车取流波动性很大，但仿真计算和实践表明，只要少数几级可调的并联补偿就能取得很好的效果。因此，再考虑到可靠性，在机车上安装分级可调的并联补偿装置应力求简单实用。

由于无功补偿的直接性使牵引网压损的补偿也是最直接的，因此在机车上安装并联补偿装置能取得很好的网压水平。但此时并联补偿的容量利用率却不及牵引网上固定的和牵引变电所的并联补偿装置，因为并非所有机车和所有时间都在线路上运行。另外，它对负序的补偿几乎没有显著作用，当滤除谐波的剩余量仍不能达到规定指标要求时，还需在牵引变电所进一步滤波，这就使得补偿设备重复，相互配合也变得复杂。

b.牵引网上安装并联补偿。

牵引网上安装并联补偿装置是指在除机车和牵引变电所外的牵引网上任一点安装并联补偿，通过补偿无功达到提高网压的目的，故多用并联电容补偿。牵引网上安装并联补偿装置可以从三个不同的方面加以考虑，或者说有三种分布形式，即无功补偿型、压损补偿型和功率损失补偿型。

2.电分相对电力机车（或电动车组）运行的影响

牵引供电系统中牵引变电所和分区所出口处均设电分相：牵引变电所处为异相过分相，分区所处为同相过分相。

电力机车（或电动车组）过电分相是一个复杂的机电过程，会引起电力机车（或电动车组）主断路器动作频繁，且容易在牵引变电所出口处的电分相处造成异相短路，引起变电所跳闸、停电。同时，由于电分相的存在，列车在过电分相时还会因牵引力丧失而速度降低。

（三）同相供电方案

1.解决对策

（1）电气化铁路对电力系统电能质量影响的处理方案

①对于负序电流的解决对策。

a.采用大容量的电源。采用高压、大容量的电源，既是为了避免负序电流产生较为严重的影响，又是为了提高系统自身的性能。

b.改善变压器的接线。我们可以通过使用单相、三相 V, v 接线，斯科特接线，平衡接线变压器多种形式的牵引变压器来解决负序电流的问题（变电所采用平衡接线牵引变压器）。

c.采用换相连接（变电所轮流换相接入电力系统，简称换相）。

②对于谐波问题的解决对策。

a.改善机车负荷特性，如采用交—直—交技术等。

b.牵引变电所接入供电能力强的公用电网。

c.在牵引变电所内设置滤波支路进行集中治理。

③对于无功和电压偏差问题的解决对策。

a.改善机车负荷特性，如采用交—直—交技术等。

b.在牵引变电所内设置无功补偿装置进行集中治理。

目前，我国在解决无功和谐波污染问题时，一般采用两种方法：

第一，对谐波源本身进行改造，使其不产生或少产生谐波。机车性能是谐波电流产生的重要影响因素，因此一方面应尽量选择性能好的机电设备，更新机车的性能，提高功率因数；另一方面在平时设备维护过程中，要及时更换陈旧设备。性能好的机电设备可以有效减少谐波电流的产生，从而降低谐波电流对系统的影响。还可以在机车上安装功率矫正装置，使无功功率可以自动校正，这是提高效率的关键措施。

第二，可以通过其他手段来进行补偿。在供电系统中，经常使用的补偿方法是运用机车上的无源滤波器或者有源滤波器或者两者相结合的方式进行补偿。另外，并联电容也可以有效补偿无功功率。但这种方法的缺点是补偿特性受电网阻抗和运行状态影响，易和系统发生并联谐振，导致谐波放大，使滤波器过载甚至烧毁，并且它只能补偿固定频率的谐波，补偿效果不理想。

(2) 电分相对电力机车（或动车组）运行影响的解决措施

为了降低电分相对电力机车（或动车组）运行的影响，多采用自动过分相技术。但自动过分相设置需要较长的距离。同时装置由于受到断路器或开关寿命影响，后期运行维护费用高。

以上应对措施，不能从根本上解决牵引供电系统中的谐波、负序等问题，还带来了各供电区段的电分相绝缘器的分隔问题，即电分相，严重制约了高速、重载铁路的发展。

近些年，借助现代电力电子技术和控制理论，多采用无功、谐波、负序综合治理。

我国目前大量推广使用交—直—交型机车（动车组），其功率因数接近1，谐波含量大大降低，这两方面问题均已得到解决，因此电能质量指标中只有负序是关键因素。

同相供电技术是实现电能质量综合治理的方案之一，在解决电分相问题的同时也对负序、无功、谐波进行了综合治理。

2.同相供电的系统方案

2007年10月，科技部在国家科技支撑计划重点项目"电力电子关键器件及重大装备研制"中立项批准"电气化铁路同相供电装置"课题。该课题技术难度高、课题经费紧张、试验选址困难，在各方的支持下，经过三年多的艰苦努力，成功研制出电气化铁路同相供电装置，并在成都铁路局眉山牵引变电所成功投入试运行8个月，受到国内外的广泛关注。试运行结果表明：同相供电装置性能稳定、运行可靠，可综合解决电分相和电能质量问题，并能满足实际运营的要求，为同相供电的推广应用提供了成套技术装备，被誉为电气化铁路领域具有革命性的创新成果。

但是，在同相供电方案的深入研究和推广应用中，逐步发现眉山方案存在一定的局限性：牵引变压器与同相供电装置在结构上、容量上均相互捆绑，同相供电装置所需容量较大、投资大，并且退出时影响正常供电。

针对眉山供电方案存在的问题，有关专家提出了组合式同相供电方案，即使牵引供电和负序补偿在结构上相互独立，在功能上相互组合，根据外部电源和牵引负荷实际，在相关电能质量指标（主要是负序指标）满足国标要求的约束条件下，实现同相补偿装置容量最小化，从而达到技术经济兼优的目标。组合式同相供电的实现方法是在单相牵引变压器的基础上应用以负序补偿为核心的对称补偿技术，负序补偿量根据实际需求来设置，且负序补偿装置在结构上与牵引供电单相主变压器相互独立。

组合式同相供电实施方案主要有两种形式，即单三相组合接线方案和单相组合式同相供电方案。其原理如下：

（1）单三相组合式同相供电方案原理

牵引变电所的单三相组合式同相供电方案原理如图2-4所示。

单三相组合式同相供电变电所包括单相牵引变压器TT和同相供电装置CPD。同相供电装置CPD包括高压匹配变压器HMT、交流电抗器L、同相补偿变流器ADA、牵引匹配变压器TMT。

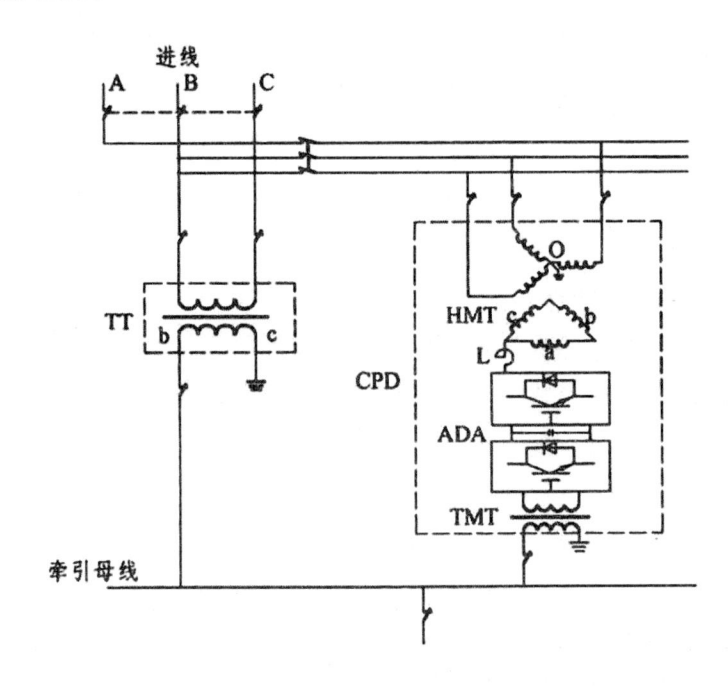

图2-4 单三相组合式同相供电方案示意图

单三相组合式同相供电原理：当牵引负荷功率不大于同相供电装置容量的2倍时，牵引变压器和同相供电装置分别供给牵引负荷功率的1/2，此时负序电流得以完全补偿，由此引起的三相电压不平衡度为零。当牵引负荷功率大于同相供电装置容量的2倍时，高压匹配变压器按同相供电装置的容量供给，其余部分由牵引变压器供给，此时有剩余负序电流流通，但它产生的三相电压不平衡度满足国标要求。要求单相牵引变压器具有较强的短时过负荷能力。

（2）单相组合式同相供电方案原理

牵引变电所采用单相组合式同相供电方案的原理如图2-5所示。牵引变电所内的主要供电设备包括牵引变压器TT和同相供电装置CPD。同相供电装置CPD由高压匹配变压器HMT、交—直—交变流器ADA和牵引匹配变压器TMT构成。牵引变压器TT和同相供电装置CPD均为单相结构。高压匹配变压器HMT原边绕组的一端T0与牵引变压器TT原边绕组中点相接。牵引变压器TT原边绕组连接电力系统高压进线的同一线电压，图中为BC线电压（次边为bc线电压），即连接在三相中的B、C两相之间。高压匹配变压器HMT原边绕组的另一端T1连接三相中的另一相，图中为A相（次边为a相）。高压匹配变压器HMT次边绕组连接交—直—交变流器ADA入端。交—直—交变流器出端连接牵引匹配变压器TMT原边，产生与牵引变压器TT相同相位和频率的电压。牵引变压器TT次边绕组和牵引匹配变压器TMT次边绕组的电压幅值和相位相同且均与牵引母线相接。

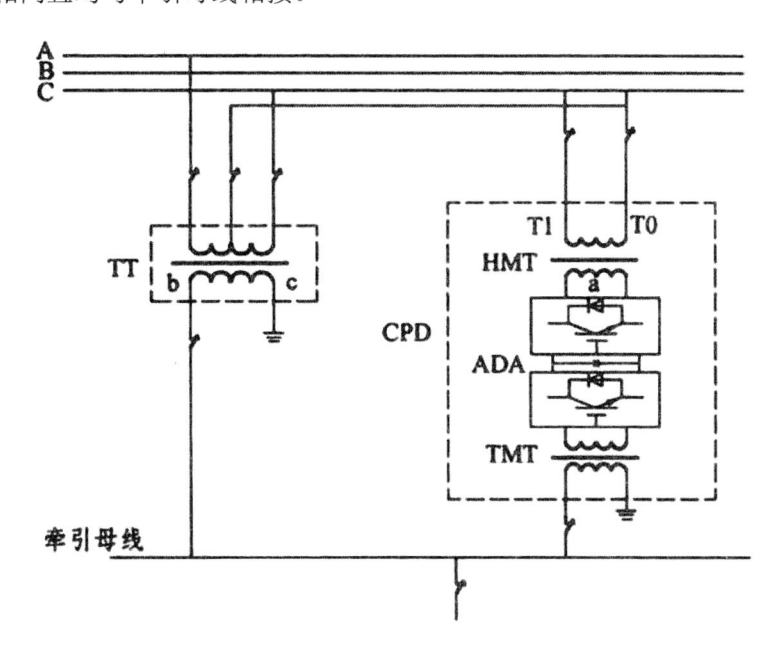

图2-5 单相组合式同相供电方案示意图

单相组合式同相供电原理：牵引变压器TT与高压匹配变压器HMT，构成不等边斯科特连接组，即构成一种供电容量不等、电压幅值不等、电压相位垂直的特殊三相—两相平衡变压器。正常运行中，牵引变压器TT和同相供电装置CPD一同给牵引网的牵引负荷供电，牵引变压器TT担负主要供电任务，同相供电装置CPD担负次要供电任务以及三相电压不平衡度的调整任务。同相供电装置CPD的交—直—交变流器ADA的其中一侧通过控制各模块保持中间直流电压稳定，另外一侧通过控制实现一定流向和大小的功率传输，从而实现负序电流的补偿。

在正常工作过程中，当牵引负荷功率小于或等于同相供电装置 CPD 额定容量的 2 倍时，牵引变压器 TT 和同相供电装置 CPD 分别供给牵引负荷功率的 1/2，此时负序电流得以完全补偿，由此引起的三相电压不平衡度为零。当牵引负荷功率大于同相供电装置 CPD 容量的 2 倍时，同相供电装置 CPD 按其额定容量供给，多余部分由牵引变压器 TT 供给，此时有剩余负序电流流通并导致三相电压不平衡，但它产生的三相电压不平衡度满足国标要求。

与单三相组合式同相供电方案相比，单相组合式同相供电方案使用单相变压器代替三相高压匹配变压器，该变压器易于与单相牵引变压器共箱制造，节省变压器占地。

（3）同相供电技术的优缺点

①同相供电技术的优点。

与国内外现有的牵引供电系统方案或电能质量治理方案相比，同相供电系统技术方案具有明显优势。具体如下：

a.采用同相供电装置，将原有牵引变电所的两相变换为一相，取消了变电所出口处电分相，由此至少将全线的电分相的个数减少一半（仅分区所保留电分相），可提高列车运行的速度，提高线路通过能力，增加运力，节省牵引变电所处地面自动过分相装置投资和维护费用。

b.同相供电装置实现有功传递，使得两供电臂的负荷在三相电力系统的分配更加对称，满足国标要求，使日益突出的负序问题得到解决。除负序外，需要时同相供电装置还可实现无功、谐波的综合治理（牵引和再生工况均可），减少对外部电源的影响，提高牵引供电系统对外部电源的适应性。

c.提高牵引变压器的容量利用率。对既有线路进行同相供电改造，可提高牵引变电所的供电能力；对于新建线路，则可减少牵引变压器的安装容量，节省可观的固定电费。由于牵引变压器利用率提高，因此可降低牵引变压器安装容量 1～2 个容量等级，节约电力资源和运行费用。

d.可进一步增强牵引供电系统的节能效果。实施同相供电后，牵引变电所的两供电臂合并，更有利于其中运行的多组列车牵引与再生电能的相互利用，减少电力系统的用电，增强节能效果。

e.高度的可扩展性。例如，实现电压补偿、在线防冰融冰，保障牵引供电系统和列车良好运行。

②同相供电技术缺点。

a.相较于常规牵引供电系统,同相供电补偿装置变流器造价较高,一次性建设投资大。

b.同相供电装置退出时,牵引变压器还要承受同相供电装置的出力。牵引变压器在规定时间内仍可按变电所额定工况供电,超出规定时间同相供电装置仍未修复时牵引变压器按本身额定工况(小于变电所额定工况)运行。此时供电能力通常大于越区供电情形,需要适当限制最大行车量。

3.基于有源滤波器的 V,v 接线同相供电系统

针对电气化铁路牵引供电系统三相严重不平衡,存在大量谐波和无功,尤其是相邻供电区段间必须用分相绝缘器分隔等问题,可将 V,v 接线变压器与有源滤波器和 AT 供电方式相结合,构造出新型同相牵引供电系统。

(1)V,v 接线同相供电系统的结构

①直供与 BT 方式同相供电方案。

如图 2-6 所示,这种供电方案与原系统的主要区别是 V,v 接线的公共端子接钢轨(R),另外两个端子不再分别接入两个不同的供电臂,而是只有一端接供电臂,另一端通过平衡变换装置(以下简称平衡器)与同一供电臂相连。各变电所牵引侧与供电臂的接线形式完全相同,实现了同相供电。这种供电方案有以下特点:

a.平衡器可由"背靠背"的两单相变流器构成。通过对平衡器适当控制可实现三相平衡变换,并可完全补偿无功和谐波。

b.与基于 YN,d11 接线的同相供电系统相比,除所采用的变压器不同,其余的如补偿电流检测方法、平衡器的结构和控制方法、三相平衡效果、无功和谐波的补偿效果等都相同。

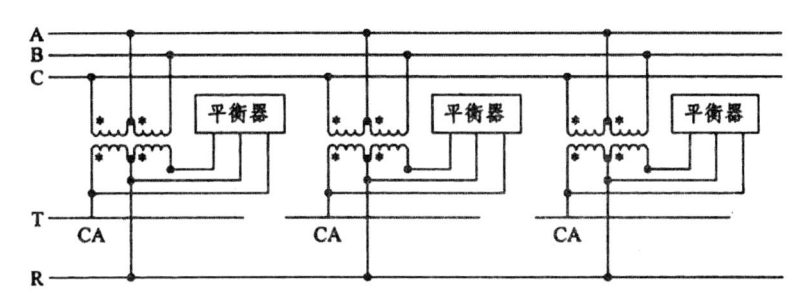

图 2-6 直供与 BT 供电方式同相供电方案

②AT方式2×55 kV同相供电方案。

如图2-7所示，V,v接线变压器的两个副边绕组电压分别为55 kV，其中一个绕组的中间抽头接钢轨，两个副边绕组的公共端子接正馈线，另外两个端子中的一个接接触线，另一个与平衡器相连。这种供电方案具有以下特点：

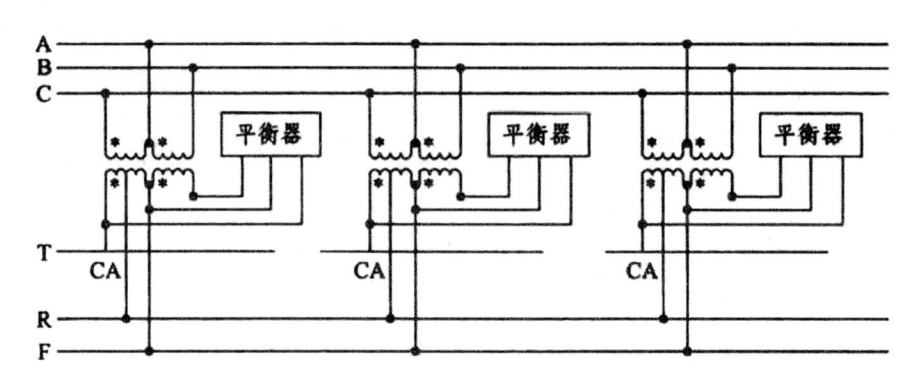

图2-7　AT方式2×55kV同相供电方案

a.变压器造价低，工作变压器数量少，系统投资远比三相YN,d11十字交叉接线少。

b.能够通过对平衡器的控制，实现三相平衡变换，并能动态补偿谐波和无功。

c.补偿电流检测方法以及平衡器的控制方法都与基于YN,d11接线的同相供电系统相同。

d.当平衡器损坏时，系统将变成单相接线，三相严重不平衡，无法补偿谐波和无功，但同相供电还能继续运行，通信干扰防护效果不变。

③AT方式2×27.5 kV同相供电方案。

如图2-8所示，这种供电方案与AT方式2×55 kV同相供电方案的不同点是V,v接线变压器的两个副边绕组电压不再是55 kV而是27.5 kV，且两个副边绕组的公共端子不是接正馈线而是接钢轨。另外两个端子中的一个接接触线，另一个与平衡器相连，平衡器还有一个端子接正馈线。这种供电方案具有以下特点：

a.变压器造价低，数量少，系统投资远比三相YN,d11十字交叉接线等方式少。

b.能够通过对平衡器的控制，实现三相平衡变换，并能动态补偿谐波和无功。

c.补偿电流检测方法与基于YN,d11接线的同相供电系统相同。

d.平衡器的结构与AT方式2×55 kV同相供电方案不同，需采用三相四桥臂变流器实现。平衡器的控制方法相对较复杂。

e.当平衡器损坏时，仍能继续供电，但三相严重不平衡，同时无法补偿谐波和无功。

由于无法对正馈线供电，故不再有 AT 方式的通信防护效果。

图 2-8 AT 方式 2×27.5kV 同相供电方案

综上所述，由于 AT 方式 2×27.5 kV 同相供电方案平衡器的结构和控制方法相对较复杂，且平衡器损坏后失去通信防护能力，因此对于 AT 方式宜采用 2×55 kV 同相供电方案。故以下主要讨论前两种方案。

（2）平衡变换与补偿

①平衡变换的原理。

图 2-9 为 V，v 接线平衡变换原理示意图。图中，i_A、i_B、i_C 分别为 110 kV 侧三相电流，i_a、i_b、i_c 分别为牵引侧三相电流，i_{pa}、i_{pb}、i_{pc} 分别为平衡器提供的三相电流，i_L 为负载电流，T 为接触线，R（F）为钢轨（正馈线），简单直供或 BT 供电方式时接钢轨，AT 供电方式时接正馈线。

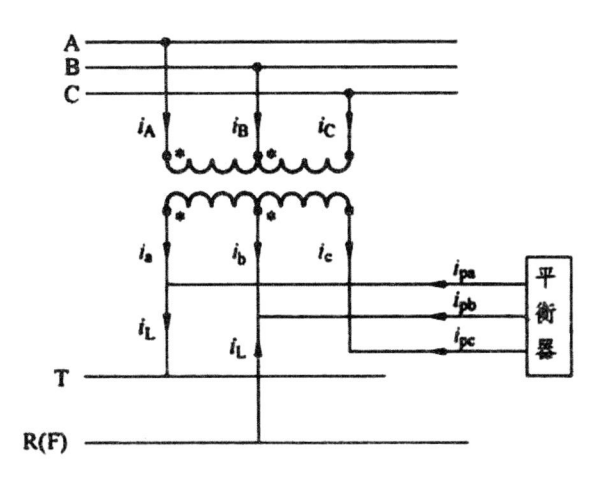

图 2-9 V，v 接线平衡变换原理图

为讨论方便，假定负载电流 i_L 只含有基波有功分量，并用 i_{lp} 代表负载基波有功电流向量，根据图 2-9 所示的 V，v 接线供电系统，可写出以下关系式：

$$\begin{bmatrix} i_a \\ i_b \\ i_c \end{bmatrix} = \begin{bmatrix} i_{lp} \\ -i_{lp} \\ 0 \end{bmatrix} - \begin{bmatrix} i_{pa} \\ i_{pb} \\ i_{pc} \end{bmatrix} \tag{2-1}$$

$$[i_A \ i_B \ i_C]^T = \frac{1}{K}[i_a \ i_b \ i_c]^T \tag{2-2}$$

式中：K 为变压器的变比。

所以原边电流各序分量为：

$$\begin{bmatrix} i_{A0} \\ i_{A2} \\ i_{A1} \end{bmatrix} = \frac{1}{3K}\begin{bmatrix} 0 \\ 1-a \\ 1-a^2 \end{bmatrix} i_L - \frac{1}{K}\begin{bmatrix} i_{p0} \\ i_{p2} \\ i_{p1} \end{bmatrix} \tag{2-3}$$

式中：i_{p0}、i_{p1}、i_{p2} 分别为平衡器输出电流的各序分量，旋转因子 $a=e^{j120°}$。

平衡的目的是保证 110 kV 侧三相对称，所以 110 kV 侧负序和零序电流分量应为零，且其正序电流分量应由电源全部提供。故：

$$i_{A0} = 0 \tag{2-4}$$

$$i_{A2} = 0 \tag{2-5}$$

$$i_{A1} = \frac{1}{3}(1-a^2)i_{lp} = \frac{1}{\sqrt{3}} i_{lp} e^{j30°} \tag{2-6}$$

进一步可得出：

$$i_a = ai_b = a^2 i_c = \frac{1}{\sqrt{3}} i_{lp} e^{-j30°} \tag{2-7}$$

$$i_{pa} = a^2 i_{pb} = ai_{pc} = \frac{1}{\sqrt{3}} i_{lp} e^{j30°} \tag{2-8}$$

由以上分析可知，无论负载电流是否含有无功和谐波电流分量，只要牵引侧 i_a、i_b、i_c 满足式（2-7），则 110 kV 侧三相电流平衡。所以式（2-7）是实现三相平衡并滤除谐波和无功的电源电流期望式。

②平衡器的补偿电流及其检测。

以上讨论，假定了负载电流只含有基波有功电流，此时只要平衡器输出三相负序电流，即满足式（2-8），则电源输出电流就满足式（2-7），这样就可以实现三相平衡变换。但实际情况是负载电流中不但存在无功而且含有谐波，此时如果仍要求电源只提供基波正序有功电流分量，则平衡器不仅需要输出对应基波的负序电流分量，而且需要输出无功和谐波量。所以，平衡器的输出电流（即补偿电流）应该由三部分组成：基波有功电流引起的负序分量、基波无功电流分量和谐波电流。公式表示为：

$$i_{px} = i^-_{lpx} + i_{lqx} = i_{hx} \tag{2-9}$$

式中：i_{px} 表示平衡器 x（x＝a，b，c）相的输出电流；i^-_{lpx}、i_{lqx} 分别为负载引起的相的基波有功负序电流和无功电流；i_{hx} 为负载引起的谐波电流。

设负载电压（牵引网电压）为：

$$u_L(t) = \sqrt{2}U\sin(\omega t + 30°) \tag{2-10}$$

而负载电流总可以表示为：

$$i_L(t) = i_{lp}(t) + i_{lp}(t) + i_h(t) \tag{2-11}$$

式中：$i_{lp}(t)$ 和 $i_{lq}(t)$ 分别为与电压 $u_L(t)$ 的同相位瞬时基波有功电流分量和正交瞬时基波无功电流分量，$i_h(t)$ 为所有瞬时谐波电流之和。

$$i_{lp}(t) = \sqrt{2}I_{lp}\sin(\omega t + 30°) \tag{2-12}$$

$$i_{lq}(t) = \sqrt{2}I_{lq}\cos(\omega t + 30°) \tag{2-13}$$

将式（2-12）乘以 $\sqrt{2}\sin(\omega t + 30°)$ 得：

$$i_L(t)\sqrt{2}\sin(\omega t+30°) = I_{lp}[1-\cos2(\omega t+30°)] + [i_q(t)+i_h(t)]\sqrt{2}\sin(\omega t+30°) \tag{2-14}$$

式中：I_{lp}、I_{lq} 分别为负载基波有功电流和无功电流分量。

式（2-14）右边由直流分量和交流分量两部分组成，用低通滤波器滤除交流分量可得负载基波有功电流分量 I_{lp}。根据式（2-7）分别乘以 $\sqrt{2/3}\sin\omega t$、$\sqrt{2/3}\sin(\omega t - 120°)$、

$\sqrt{2/3}\sin(\omega t+120°)$ 可得到三相瞬时基波有功电流分量。所以三相综合补偿电流期望值分别为：

$$\begin{bmatrix} i_{ap}(t) \\ i_{bp}(t) \\ i_{cp}(t) \end{bmatrix} = \begin{bmatrix} i_L(t) \\ -i_L(t) \\ 0 \end{bmatrix} - \frac{1}{\sqrt{3}} \begin{bmatrix} \sqrt{2}\sin\omega t \\ \sqrt{2}(\sin\omega t - 120°) \\ \sqrt{2}(\sin\omega t + 120°) \end{bmatrix} \quad (2-15)$$

根据以上分析可以得出如图 2-10 所示的平衡器综合补偿电源实时检测电流。

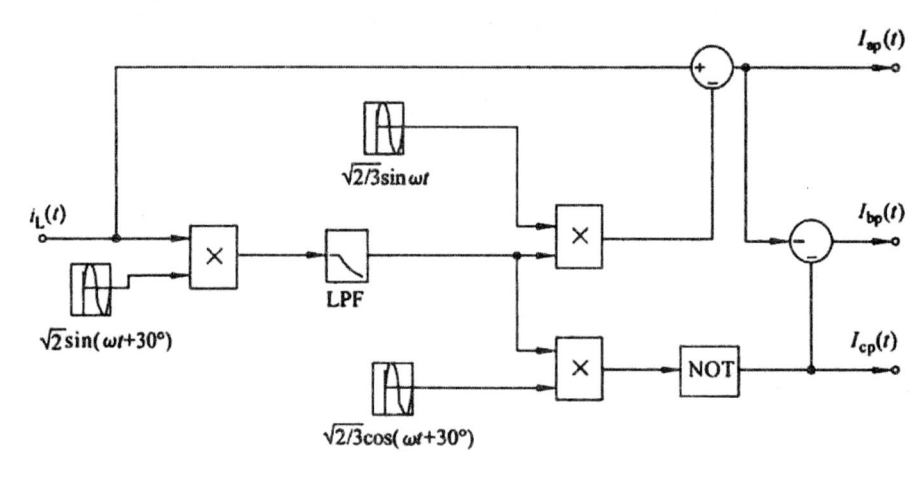

图 2-10 综合补偿电流实时检测电流

图中 $\sin(\omega t+30°)$ 和 $\cos(\omega t+30°)$ 分别是与电网电压同相位的正弦信号和与之相对应的余弦信号，它们可由锁相环和一个正、余弦信号发生器得到。而 $\sin\omega t$ 可由 $\sin(\omega t+30°)$、$\cos(\omega t+30°)$ 分别乘以 $\sqrt{3}/2$ 和 $-1/2$ 再相加得到，即 $\sin\omega t = \sqrt{3}/2 \sin(\omega t+30°) - 1/2\cos(\omega t+30°)$。

③平衡变换器的结构及其控制。

平衡变换器是由"背靠背"的两单相变流器构成，如图 2-11 所示。

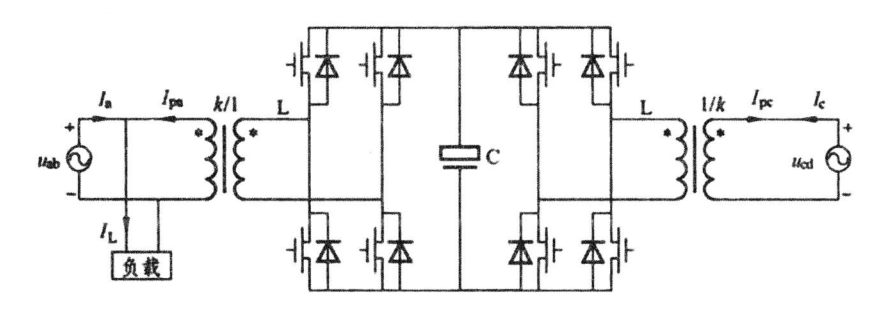

图 2-11 两个单相变流器构成的平衡器

两单相变流器可以独立控制，控制方法相同，下面以图 2-11 左侧单相变流器为例做简要分析。由图 2-11 可得：

$$u_{ab} = L\frac{di}{dt} + Ri + e_{ab} \qquad (2-16)$$

式中：L、R 和 e_{ab} 分别为从桥臂侧看系统的等效电感、电阻和电源电势，u_{ab}、i 分别为变流器输出电压（两桥臂间电压）和输出电流。

设 u^*、i^* 分别为变流器输出电压、电流的期望值，则

$$u^* = L\frac{di^*}{dt} = Ri^* + e_{ab} \qquad (2-17)$$

为了使变流器输出期望电流 i^*，则应控制变流器输出电压 u^*，但变流器只能输 0、u_{dc}（直流侧电压）、$-u_{dc}$ 三种电压，所以需要调制得到这三种电压。为降低开关频率，提高对直流电压的利用率，可采用状态优化控制方法，控制规则如表 2-2 所示。其中 S_a、S_b 分别表示 a 和 b 桥臂的状态，S_x（$x=$a，b）$=1$ 表示 x 桥臂的上管导通，下管截止；$S_x=0$ 表示 x 桥臂的上管截止，下管导通；$\Delta i = i^* - i$ 为电流误差。

表 2-2 变流器状态控制规则

u^*	Δi	S_a	S_b	u_{ab}
$u^*<0$	$\Delta i \leqslant -h$	0	1	$-u_{ab}$
	$\Delta i \geqslant h$	0	0	0
$u^*=0$	$\Delta i \leqslant -h$	0	1	$-u_{ab}$
	$\Delta i \geqslant h$	1	0	u_{ab}
$u^*>0$	$\Delta i \leqslant -h$	0	0	0
	$\Delta i \geqslant h$	1	0	u_{ab}

上述方法需要根据式（2-17）计算出 u^*，以判断其大小，这需要预先估计 L 和 R 值。但系统阻抗是变化的，尤其对电气化铁路更是如此，所以会影响其控制精度。为解决这一问题，提出了双滞环比较状态优化控制方法。式（2-17）与式（2-16）相减并忽略 R 可得：

$$L\frac{\mathrm{d}\Delta i}{\mathrm{d}t} = u^* - u_{ab} \qquad (2\text{-}18)$$

从式（2-18）可以看出，当 $\frac{\mathrm{d}\Delta i}{\mathrm{d}t}>0$ 时，变流器期望输出电压大于实际输出电压，应调整变流器的状态使其输出电压增加；当 $\frac{\mathrm{d}\Delta i}{\mathrm{d}t}<0$ 时，变流器期望输出电压小于实际输出电压，应调整变流器的状态使其输出电压减小。根据该原理可构造出双滞环电流比较状态优化控制方法。由于准确检测 $\frac{\mathrm{d}\Delta i}{\mathrm{d}t}$ 比较困难，故实际中通过检测 Δi 是否继续增加来判定 u^* 的状态。图 2-12 所示为双滞环电流比较状态优化控制框图。

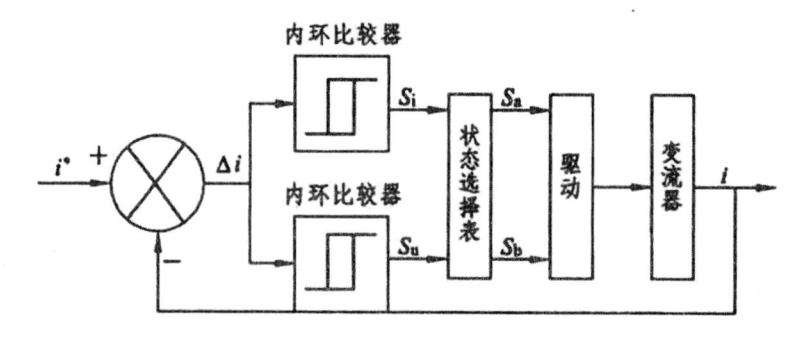

图 2-12　双滞环电流比较状态优化控制框图

图中 S_i、S_u 分别为内外环比较器输出状态值。内环比较器用于确定电流误差是否在允许范围内，外环比较器用于确定 u^* 的状态。状态选择表用于确定两个桥臂开关的动作状态。据此可得：

$$S_a = S_i S_u \qquad (2\text{-}19)$$

$$S_a = \overline{S_i S_u} \qquad (2\text{-}20)$$

（3）系统仿真

针对图 2-7 所示的 AT 供电方式同相供电系统，基于 Matlab/Simulink 建立了仿真模型，仿真结果如图 2-13 至 2-15 所示。仿真中采用了图 2-10 至 2-12 给出的补偿电流检测方法和变流器控制方法。平衡器参数设为：$k=55/2.5$，$L=1$ mH，$C=10$ μF，直流侧电压给定值为 4.8 kV，电流比较器内外滞环宽度分别给定为 5 A 和 10 A，牵引网电压为 27.5 kV，负载电流滞后电压 30°，功率因数为 0.866。可用公式表示为：

$$i_L = 1200\sin(\omega t - 30°) + 200\sin(3\omega t - 36°) + 100\sin(5\omega t - 45°) \quad (2-21)$$

图 2-13 所示为 110 kV 侧电源电压波形，图 2-14 所示为平衡前牵引变压器原边三相电流波形。由图可见三相电流极不平衡，并含有大量的谐波和无功。图 2-15 是平衡后变压器原边三相电流波形，可见虽然负载电流极不平衡，但经平衡器调节后，110 kV 侧三相电流完全对称并与相电压同相位，不含谐波和无功。所以经平衡调节后，单相不平衡负载对电流系统而言只相当于一个纯阻性三相对称负载。由此说明前面提出的同相供电系统方案正确。

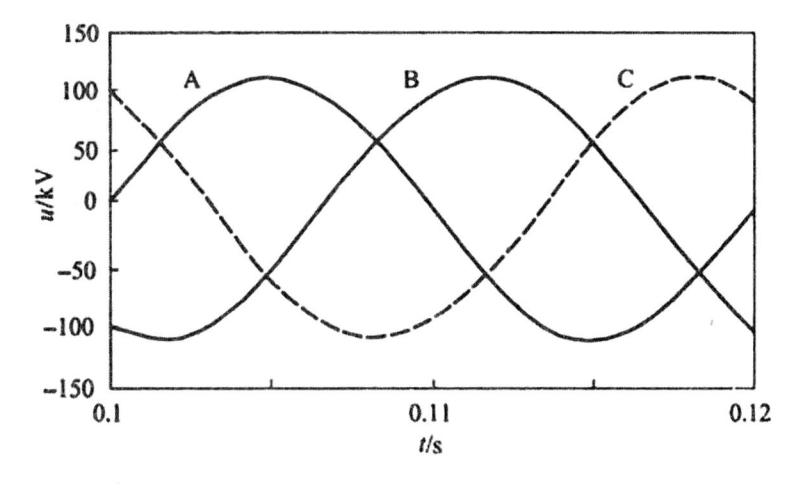

图 2-13　110 kV 侧电源电压波形

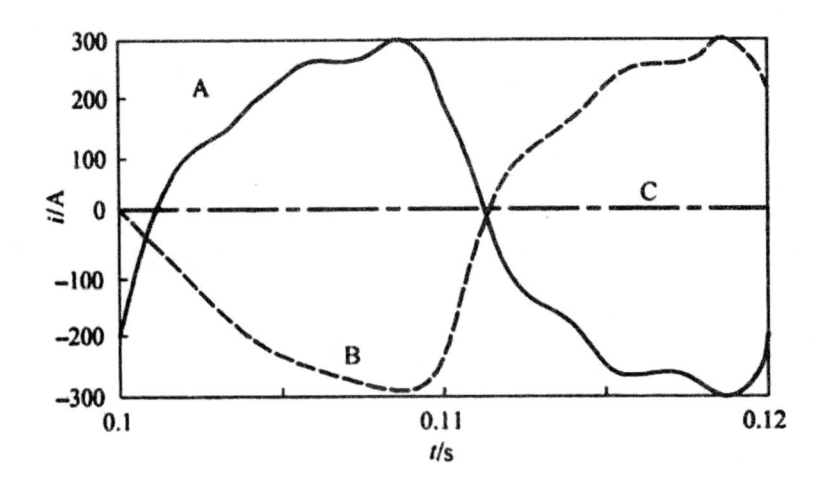

图 2-14 平衡前牵引变压器原边三相电流波形

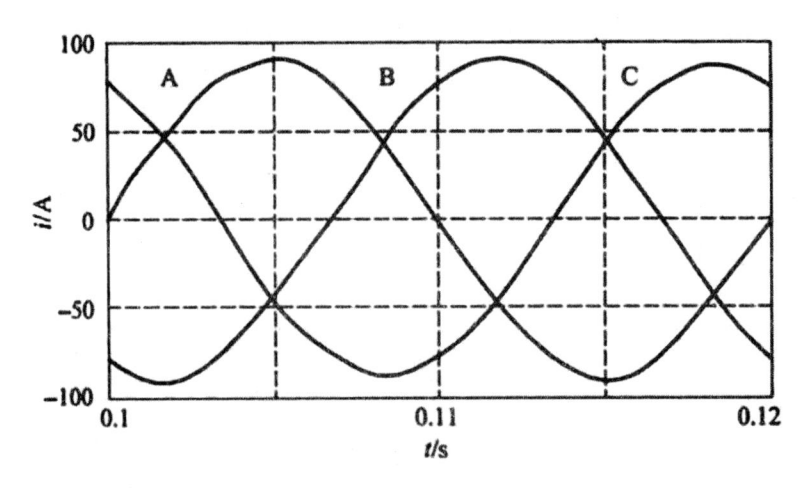

图 2-15 平衡后变压器原边三相电流波形

第三章 牵引变电所

第一节 牵引变电所概述

牵引变电所之于牵引供电系统犹如心脏之于血液循环系统,是接收与分配电能并改变电能电压的枢纽,是区域变电所到电动车组之间的重要环节之一。它的主要任务是将电力系统输送过来的三相高电压转变成适合电动车组使用的电能,然后分别送到沿铁路线上空架设的接触网,为列车运行供电。牵引变电所对牵引供电系统的电能质量、经济运行和可靠供电,起着关键的作用。牵引变电所的核心设备是牵引变压器(又称主变压器),担负着降压、将三相电转变成单相电等重要任务。

一条高速铁路沿线设置有多个牵引变电所,相邻变电所间的距离(即供电范围)为 50 km 左右。牵引变电所的设计从主接线形式到设备选型、平面布置方案等,都应满足安全可靠、经济性好、维修养护量少的原则。

我国的高铁供电采用的是工频、单相 25 kV 交流制,而电力系统是一个三相交流系统,电压标准也不尽相同,不能直接使用,需要经过变换电压等级,同时将三相交流变换成单相交流,才能供高速列车使用。牵引变电所的任务就是将电力系统高压输电线输送来的 220 kV(或 330 kV)的三相交流电,按照牵引供电的标准要求变换成不低于 25 kV 的工频、单相交流电,然后向它的邻近区间和所在站场线路的接触网供电,保证高速列车有可靠的电能供应。

高速铁路的单相牵引负荷是一个不对称的负荷,对三相电力系统产生负序电流和负序电压。要减轻负序电流和负序电压对三相电力系统的影响,需要在牵引变电所采用换相接线方式或不同接线形式的变压器。

牵引变电所的平面布置须认真贯彻国家的技术经济政策,遵循国家制定的规程、规范及技术规定,根据地质、地形条件,因地制宜地选择合理的布置方案,做到技术先进、经济合理、运行可靠、维护方便(如图 3-1)。

图 3-1　牵引变电所

在 AT 供电方式下,常规牵引变电所的配电装置采用全户外布置,进出线采用架空方式。场坪有限的牵引变电所,除牵引变压器、自耦变压器采用户外布置,其余配电装置均采用户内气体绝缘组合电器布置方式,变压器与户内配电装置采用电缆连接。在带回流线的直接供电方式下,27.5 kV 侧配电装置可采用户外敞开式布置,也可采用户内空气绝缘开关柜。

第二节　牵引变压器的选择及备用方式

一、牵引变压器的选择

牵引变压器(如图 3-2)的选择,包括变压器台数与容量的确定、变压器接线形式的选择等方面。

原则上,牵引变压器台数应结合供电网络规划、系统运行方式、牵引变电所容量等因素综合分析确定。目前,国内高速铁路的牵引变电所一般设置四台单相牵引变压器,每两台构成一组 V/v 接线或 V/X 接线方式,一组工作,另一组固定备用。

牵引变压器容量的选择,也需经过多种因素综合分析确定,其容量大小关系到牵引变电所能否完成供电任务。从安全运行和经济方面看,容量过小会使牵引变压器长期过载，从而使其使用寿命缩短甚至烧损；相反，容量过大会使变压器长期不能满载运行，造成容量浪费，增加损耗和运营费用。

牵引变压器容量的确定，一般分为三个步骤：

首先，计算容量，即按给定的计算条件求出牵引变压器供应牵引负荷所必需的最小容量。

其次，校核容量，即按列车紧密运行时供电臂的有效电流与充分利用牵引变压器的过负荷能力，求出所需要的容量。这是确保牵引变压器安全运行所必需的容量。

最后，安装容量或设计容量，即根据计算容量和校核容量，再综合考虑其他因素（如备用方式等），最后按实际系列产品的规格选定牵引变压器的台数和容量。

高速铁路牵引变电所的牵引变压器、自耦变压器，均采用单相、油浸、自冷式并预留风冷条件，隧道内自耦变压器采用高燃点、低凝点绝缘油或采用SF_6绝缘变压器。

图 3-2 牵引变压器

二、牵引变压器的备用方式

牵引变压器在检修或发生故障时，都需要有备用变压器投入，以确保牵引供电系统正常运行。由于高速铁路均为双线区段，且运量比较大，因此牵引变压器一旦出现故障，就要尽快投入备用变压器。备用变压器投入使用的速度，将影响供电恢复的时间，这与采用的备用方式有关。备用方式的选择，必须根据实际的高速铁路线路、运量，牵引变电所的规模、选址，供电方式及外部条件（如有无公路）等因素综合考虑比较后确定。

在高速铁路牵引供电系统中,牵引变压器采用固定备用的方式。

所谓固定备用,就是在牵引变电所内安装固定变压器,作为主变压器发生事故或检修时的备用变压器投入运行。采用固定备用方式的电气化区段,每个牵引变电所一般装设两组牵引变压器,一组运行,一组备用。每组牵引变压器容量应能承担全所的最大负荷,满足铁路正常运输要求。相较于移动备用方式,固定备用方式的优点有:投入快速方便,发挥备用主变压器自动投入装置的功能,可实现不间断行车可靠供电,确保铁路正常运输;可不修建铁路专用线岔,牵引变电所的选址方便、灵活,场地面积小,建设工程量小;电气主接线较简单。其缺点是增加了牵引变压器的安装容量。

第三节　牵引变电所主要设备

为满足牵引供电系统安全、可靠、经济运行的要求,牵引变电所中配置了各种高压电气设备,其主要任务是对电路进行开、合操作,切除和隔离事故区域,灵活切换变电所运行方式。

一、高压断路器

高压断路器(如图3-3)是一种重要的控制和保护电器,一般由触头、灭弧室、绝缘介质、壳体结构等部分组成。

高压断路器要求不仅能开断工作电路,还能开断各种形式的短路故障电路。由于短路电流要比正常负荷电流大得多,这时电路最难断开,所以选择高压断路器时,首先要校核的参数就是断路器开断短路故障的能力。

电力系统发生短路故障之后,要求继电保护装置快速动作,断路器开断越快越好,这样可以缩短系统的故障时间,减轻故障对电气设备及线路的危害,提高系统运行的稳定性。标志断路器开断过程快慢的参数是开断时间:

低速动作断路器:$t > 0.12$ s;

中速动作断路器：t＝0.08～0.12 s；

高速动作断路器：t＜0.08 s。

电力系统中的电气设备或输电线路有可能在未投入运行之前就存在绝缘故障,甚至处于短路状态,这样在断路器的关合过程中就可能出现短路电流,有可能造成断路器的损坏甚至是爆炸。为避免出现这种情况,断路器应具有足够的关合短路电流的能力。

电力系统输电线路会因雷击闪电和鸟害等突发情况而发生瞬时性故障,故断路器应具有自动重合闸能力,这是提高供电可靠性的有力措施。

断路器分合电路时可能会产生过电压,而断路器的绝缘能力应能承受这种过电压。断路器还应有一定的分合次数,以保证足够长的工作年限。

高压断路器一般有 SF_6 断路器、真空断路器、全封闭组合电器、半封闭组合电器几种形式。一般220～330 kV高压断路器选择 SF_6 断路器、气体绝缘全封闭组合电器（GIS）、复合式组合电器（HGIS）几种形式，27.5 kV 及 2×27.5 kV 断路器采用真空断路器、GIS、HGIS 几种形式。

图 3-3 高压断路器

二、高压隔离开关

高压隔离开关（如图3-4）是一种没有灭弧装置的开关电器，不能用于接通和断开负荷电流和短路电流，一般只有在电路断开的情况下才能操作。它的用途：在检修电气设备时隔离电压，以保证检修人员的安全；在改变设备状态（运行、备用、检修）时配合断路器协同完成倒闸操作；分合小电流，如分合电压互感器、避雷器和空载母线等。隔离开关的接地刀闸可代替接地线，保证检修工作安全。

隔离开关的形式，应根据配电装置的布置特点和使用要求等因素进行选择。按操动性能划分，一般有电动隔离开关和手动隔离开关，在牵引所亭中改变运行方式的开关采用电动操作机构，检修用开关采用手动操作机构。

图3-4 高压隔离开关

三、高压互感器

高压互感器（如图3-5）有两大类：电压互感器和电流互感器。电压互感器一次侧接在电网相线之间或者电网相线与中性线之间，二次侧接电压表或功率表、电度表的电压线圈以及继电器或自动装置的电压线圈，用以测量电压。电流互感器一次侧串接在线路中，二次侧接电流表或有关仪表、继电器或自动装置的电流线圈，用以测量线路中的电流。

互感器具有扩张量程、隔离高电压，使电气仪表和继电器标准化等作用。

电网电压很高，工作电流经常很大，而电气仪表和继电器只有在低电压和较小电流下才有好的技术经济性能，因此常用互感器将电信号变小，以达到扩张量程的目的。电网电压及电流虽然多种多样，但电气仪表和继电器的额定电压及电流绝大多数可以做成互感器二次侧额定的电压或电流。此外，互感器的一次侧和二次侧在电气上相互绝缘，二次侧电压很低，可以较好地保证二次系统设备和操作人员的安全。

220～330 kV 电流互感器一般为户外柱式安装，大多采用干式、油浸式、FS_6 气体绝缘式；当与 GIS 配合使用时采用干式并集成于 GIS 气室内，当与 HGIS 配合使用时采用套管式。27.5 kV 及 2×27.5 kV 电流互感器根据设备布置特点，选型有较大区别：与户内 GIS 柜配合使用时采用干式，户外布置时多采用油浸式单体安装或采用干式与断路器同支架安装。

220～330 kV 电压互感器一般为户外柱式安装，大多采用油浸电磁式和电容分压式。27.5 kV 及 2×27.5 kV 电压互感器根据设备布置特点，其选型有较大区别：户内安装时采用干式，户外布置时多采用油浸电磁式或干式。

图 3-5　户外柱式安装的高压互感器

四、220 kV 进线侧组合电器柜

按照环境条件，在城市或山区用地困难、环境污染严重、气候条件恶劣的地区，通常也可采用全封闭式组合电器或半封闭式组合电器。GIS 是由断路器、隔离开关、接地开关、互感器、避雷器、母线、连接件等单元，封闭在接地的金属体内组成的成套组合电器，其内部充有一定压力的 SF_6 气体，有优异的灭弧和绝缘能力。HGIS 是一种新型组合电器，由金属外壳密封，把气体绝缘的断路器、隔离开关、接地开关、电流互感器及复合绝缘套管分相组合为一体，其余设备如进线隔离开关、电压互感器、避雷器、母线等分单体设备布置，消除了 GIS 集成度过高带来的一些负面影响。由于 HGIS 体积更小、质量更轻，布置方式灵活，目前正得到越来越多的应用。

GIS、HGIS 设备密封性好，具有占地面积小、维护工作量少且不受操作环境影响等优点，同时安装非常方便，有很高的可靠性和灵活性。主要不利因素是设备价格整体偏高，在实际应用中受到一些限制。

从国产化角度看，虽然常规的室外单体设备整体的集成化程度与可靠性稍低，但基本上可实现国产化，成本较低，且运营经验也很丰富。GIS、HGIS 设备在国内可选择的生产厂家较少，国产化率低，成本也较高。

因此，目前国内正在建设的高速铁路中，牵引变电所进线侧设备基本上还是采用室外中型布置（如图 3-6）。在已建成的普速铁路中，一些场地受限制的地区，为缩小变电所场坪，采用了 GIS 设备室内布置（如图 3-7）。

图 3-6　220 kV 户外 GIS 设备　　　　图 3-7　220 kV 户内 GIS 设备

五、2×27.5 kV 馈线侧组合电器柜

AT 牵引供电方式 2×27.5 kV 侧除了能够采用分散设备全户外布置方式，还可以采用 GIS 开关柜和空气绝缘开关设备室内布置两种方式。

GIS 开关柜把断路器、隔离开关（电动或手动）、母线、电压互感器、电流互感器、接线端子等单体设备全部集成在一个 600 mm 宽的金属封闭柜子里，充以一定气压的 SF_6 绝缘气体。AIS（空气绝缘开关设备）开关柜将断路器、电压互感器、隔离开关、所用变压器等设备装在由金属隔板隔成的柜子里，成为各个独立的功能单元。AIS 可用手车移出，设备外绝缘采用空气绝缘，母线置于柜顶或柜底，柜子宽度通常为 800 mm 或 1 200 mm。

除价格较高外，GIS 与 AIS 开关柜在占地面积、施工、运行、免维护及可靠性等方面都有着较大的优势。与 AIS 相比，GIS 体积更小，维护工作量更少，设备技术水平更高。随着生产及技术国产化，GIS 的成本将降低，并将不断得到应用（如图 3-8）。

图 3-8　2×27.5 kV 户内 GIS 柜

第四节　牵引变电所向接触网的供电方式

牵引变电所向接触网的供电方式，主要根据牵引变电所的分布情况、供电长度、线路情况以及供电的可靠性而定。通常，牵引变电所向牵引网供电有单边供电和双边供电两种方式。

一、单边供电

将两个牵引变电所之间的接触网分成两个供电分区，每一个供电分区只能从一端的牵引变电所获得电能，此方式称为单边供电。如图 3-9 所示。

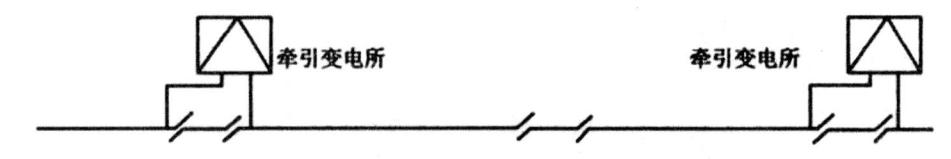

图 3-9　单边供电示意图

单边供电时，当某一供电分区接触网发生故障，通常只影响本供电分区，而不影响相邻供电分区的正常供电，从而缩小故障范围，而且单边供电方式的牵引变电所馈电线保护装置也比较简单。目前，各国采用此方法的较多，我国单线电气化铁路全部采用单边供电。

二、上下行并联运行

在复线电气化区段，采用较多的是单边上下行并联供电方式。在相邻两牵引变电所之间的供电分区分界点设置分区所（具有断路器），分别将两个供电分区上下行接触网并联，使每个供电分区实现并联供电，如图 3-10 所示。

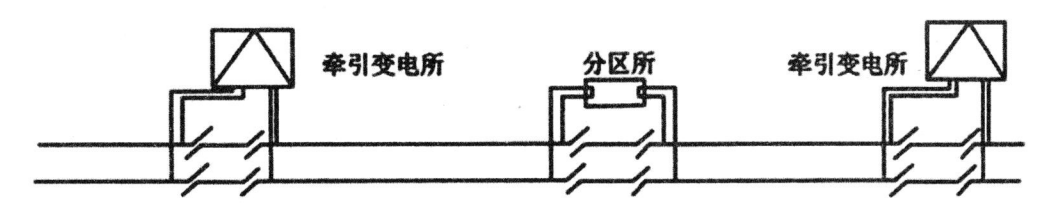

图 3-10 上下行并联供电示意图

这种供电方式的优点是，能均衡上下行供电臂的电流，降低接触网损耗，提高供电水平，在有轻重车方向和线路有较大坡度情况下，效果更为显著。我国复线电气化铁路大多采用这种供电方式。

三、双边供电

在相邻两个牵引变电所之间的接触网中央断开处设置断路器，需要时将断路器闭合，则相邻牵引变电所间的供电分区可同时从两侧牵引变电所获取电能，这种供电方式称为双边供电。当断路器断开时，即成为单边供电。设断路器的处所称为分区亭。如图 3-11 所示。

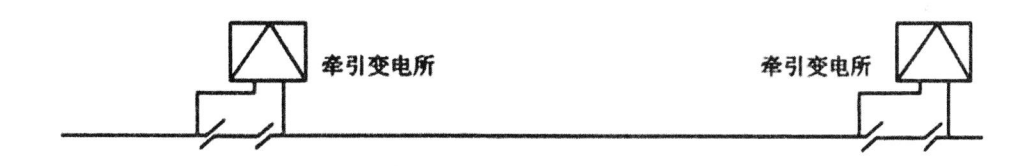

图 3-11 双边供电示意图

双边供电均衡了负荷，可以提高接触网的电压，使整个供电范围内接触网电压水平有较大提高，并降低接触网中的电能损耗。但双边供电一旦某处发生故障，就会波及两个供电分区。另外，当牵引变电所电源侧线路发生故障时，低压侧向高压侧有反馈，会使继电保护设置困难。双边供电的两变电所的电源频率必须一致，电压尽量相等，还必须考虑双边供电以后对三相电力系统的影响。由于不同国家的电网结构和管理模式不同，采用单边供电还是双边供电也主要取决于各国国情。我国高速铁路的牵引供电系统一直采用单边供电方式，双边供电方式在我国实际工程中没有得到应用，但在国外，如俄罗斯的高速铁路就采用了双边供电方式。

当某一牵引变电所发生严重故障或需要停电检修时,该变电所负担的供电臂通过闭合分区亭的开关,由两侧相邻的牵引变电所临时供电,这种供电方式称为越区供电。越区供电时,相邻变电所的供电范围扩大,严重影响供电质量,一般不被允许,只是在保证客运和重点列车正点运行等情况下采用,作为避免中断行车的一种临时措施。

第五节 牵引变电所的防雷

高速铁路大规模运行以来,雷击已成为牵引供电系统故障的"元凶"之一,若不处理好防雷问题,系统故障将有可能导致铁路重大事故和巨大损失。

高速铁路采用大量的高架桥结构,供电系统位置高,容易引雷;雷击频繁时,会导致变电所跳闸和绝缘子遭受破坏。此外,高铁牵引变电所由于电压等级的提升,架空线高度也随之提高,从而增加了遭受雷击的概率。例如,京沪高铁开通初期,其牵引变电所的过电压事故超过40起,合武线、福厦线等线路开通以来也发生过不同程度的雷击故障。

可见,雷击对牵引变电所的伤害是巨大的。因此,建立完善的高速铁路牵引变电所防雷体系,提高牵引变电所的耐雷水平,是高速铁路安全可靠运行的必要保证。

一、变电所遭受雷击的方式

高铁牵引变电所的防护是一个十分复杂的系统工程,所内电力设备及其配电设施受到雷击的情况主要有两个方面:雷电直击和雷电沿着输电线侵入变电所。这两种方式都会对牵引变电所设备造成巨大威胁,所内的变压器等主要电气设备的内绝缘大多没有恢复能力,一旦遭雷击损坏,就会停止对高速行驶的列车供电,造成的后果十分严重。为防止变电所雷害的发生,通常采用避雷线保护进线段以防止雷电波入侵变电所,采用避雷针保护变电所免受雷电直击。

由于变电所都安装有避雷针,按照规程方法正确地设计避雷针的保护范围,就能使变电所防直击雷的可靠性提高。因此，本节所讨论的变电所雷击主要针对的是雷电侵入波，而雷电侵入又包括沿 220 kV 侧架空线路侵入和沿 27.5 kV 电缆侧侵入。

（一）架空线路雷电波侵入

架空导线与避雷线接至牵引变电所的门型架，对于这种接线方式，雷电波侵入的主要途径有近区雷击杆塔塔顶、近区雷击避雷线档距、进线段之外的远区落雷沿高压电源导线侵入 3 种。

（1）近区雷击杆塔塔顶。雷击线路接地部分（避雷线、杆塔等）会引起绝缘子串的闪络反击，最严重的是雷击某一杆塔的塔顶，这时大部分雷电流将从该杆塔入地，产生较高的过电压。对于牵引变电所的雷电研究最主要的应为雷击终端杆塔。

（2）近区雷击避雷线档距。此时最严重的情况是雷击点处于档距中央，因为这时从杆塔接地点反射回来的电压波抵达雷击点的时间最长，雷击点的过电压幅值最大。

（3）进线段之外的远区落雷，沿高压电源导线侵入。尽管 220 kV 线路全线装设了双线避雷线，但对于保护角较大的远区线路，仍存在雷电绕过避雷线击中导线的可能性。

具体雷击方式如图 3-12 所示。

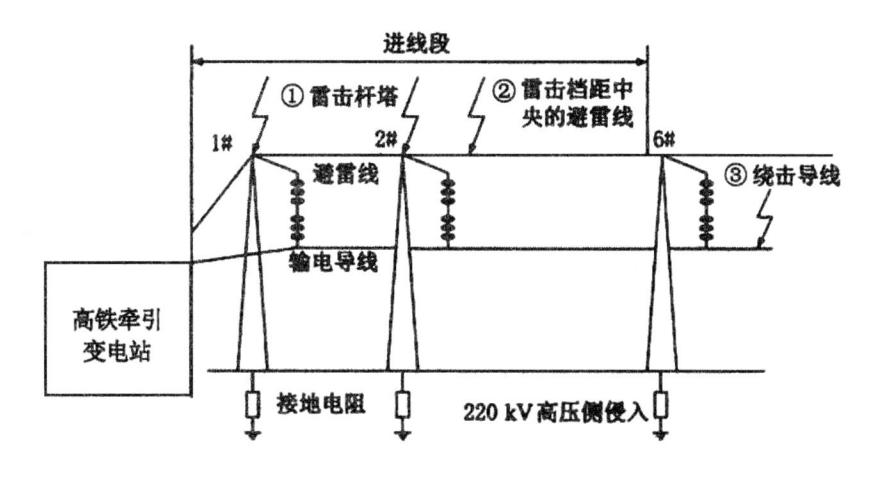

图 3-12 雷击牵引变电所的情况之一

（二）高压侧电缆雷电波侵入

目前，某些牵引变电所受地理位置、造价结构等因素影响，在进入变电所的最后档距改用地下电缆的方式进入，如图 3-13 所示。

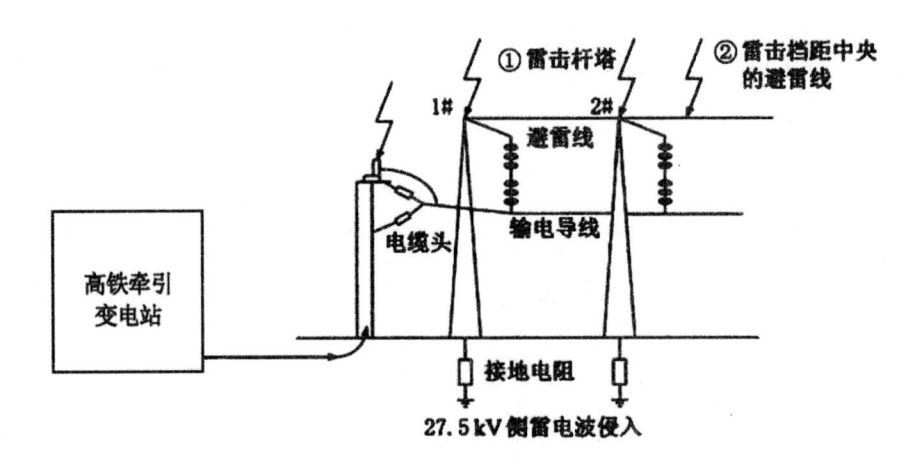

图 3-13 雷击牵引变电所的情况之二

在 1 号杆塔之外的线路落雷还是与架空线直接引入的情况类似，只是有效地减少了最后一段档距的落雷。不可忽略的是该方式下的电缆头处于无保护状态，一旦雷直击电缆头，相当于雷电波直接侵入电气设备，对变电所的危害是不可估量的。而且，电缆的设置结构也影响了电缆维护。

对于 27.5 kV 侧，由于没有避雷线的保护，电缆发生雷击事故的路径与图 3-12 相似，雷击电缆头时雷电波侵入变电所低压侧，也会对变电所内尤其是牵引供电侧的设备造成极大危害。

在遭受雷电波侵入时，判断高铁牵引变电所是否会因雷击引发绝缘事故，常通过判定所内电气设备上出现的雷电过电压幅值是否超过其耐受雷电冲击电压的要求。此外，门型架构上设置的绝缘子串作为外部线路与所内设备的连接点，也是重点保护的对象。高压侧线路的高度远大于低压侧，发生雷击事故的频率更高。

二、变电所的防雷措施

（一）直击雷防护

变电所的直击雷过电压保护可采用避雷针改变雷电闪击方向，使雷电按照预设的路径泄流，避免电气设备遭到破坏。直击雷防护范围应包括室外配电装置、连接配电装置的导线、有室内配电装置的建筑物。

根据国家有关规定，110 kV 及以上配电装置，由于设备的绝缘水平高，在土壤电阻率较低的地区不易发生反击，考虑成本问题，一般选择将避雷针设置在附近的配电装置构架上。对于装有避雷针的配电装置及构架需要设置辅助接地体的，为了保证雷击避雷针时不发生对配电装置及构架的反击放电，危及变压器等设备，辅助接地体与主变压器接地点间的电气距离必须大于 15 m。此外，主变压器的绝缘水平不高，不宜在其门型构架上装设避雷针。

峡谷地区的变电所宜用避雷线保护。已在相邻建筑物保护范围内的建筑物或设备，可不装设直击雷保护装置。露天布置的 GIS 外壳可不装设直击雷保护装置，但外壳应接地。

牵引变电所近区接触网直击雷产生的高幅值雷电侵入波对所内绝缘设备危害较大。为降低损害概率，对于雷电地闪密度 2.78 次/km²·a 及以上或者雷暴日 40 天及以上的地区，可在所有架空馈电线和牵引变电所上网点两侧各 1 km 范围内的接触网上安装避雷线，实现进线段保护。变电所馈电线两侧的避雷线不直接和所内配电装置架构相连，但与牵引变电所的主接地网相连，连接线采用裸导线，埋在地中的直线长度不小于 15 m。在牵引变电所 27.5 kV 侧，馈电线电缆两端均设置无间隙避雷器，起到过电压保护作用。

（二）雷电波侵入防护及二次系统防雷

针对雷电侵入牵引变电所的几种主要途径，结合牵引变电所运行及设备配置情况，可从限制过电压幅度、接地系统设计、屏蔽及隔离几方面采取措施，防止雷电过电压对变电所设备造成的损害。

1.加装浪涌保护器

对电源系统及通信回路的防护，应从控制室内交流系统、直流系统、重要的交直流馈电回路、各类通信接口等方面全面考虑。目前，较为有效的措施是在交直流电源系统、综合自动化系统及通信接口适当的位置加装浪涌保护器（SPD）。当浪涌保护器上出现过电压时，瞬变电压抑制二极管动作，并开始泄放电流，输出电压被钳位在截止电压上，可以有效避免过电压对设备的损害。

结合牵引变电所二次系统配置情况，建议将浪涌保护器的配置原则设为：在交流屏的 2 路电源进线、各段母线上分别安装 1 台电源 SPD，防止雷击过电压侵入交直流系统，并将大部分雷电流泄放到大地中，初步保护整个二次系统的安全。在交流盘至不间断电源（UPS）、通信室等重要的馈出回路上设置电源 SPD，以保证 UPS 电源及远动通信设备的安全可靠运行。在直流屏进线端设置电源 SPD，确保直流电源系统的抗雷击过电压能力。在直流屏的控制母线和合闸母线上均设置电源 SPD，防止合闸电源线缆进出高压设备区感应雷电过电压，以及控制电缆在电缆沟中受雷电电磁场的影响或其他电缆的感应而产生过电压。

综合自动化系统是牵引变电所二次系统的核心，为确保综合自动化系统的安全，需在综合自动化系统的接引交直流电源的端子排连接处和接引电压电流互感器二次侧的电缆连接处设置电源 SPD。

由于牵引变电所二次设备之间的通信主要采用 BNC、RJ45、RS232、RS485 等接口，感应雷击过电压可能导致该类通信端口损坏，因此需在这些通信接口处安装信号 SPD。控制室内，因装有从室外引入监控线的视频监控屏，所以也应安装信号 SPD。

2.合理设计接地装置

一个良好的接地系统对牵引变电所二次系统过电压防护至关重要。在设计接地网时，不能只关注接地电阻值，更要验算接触电势和跨步电势。设计接地网时尽量采用均压效果更好的方孔接地网。根据接触电势和跨步电势的验算或仿真情况合理设置水平均压带，避免雷击时因地电位不均而损坏二次系统。在避雷器及避雷针处应尽量多布置一些垂直接地体，以利于雷电流的尽快散泄，防止雷电流过大而引起局部电位升高。接地网施工时应确保设备接地线与主地网的可靠连接。

3.屏蔽、阻断雷电电磁场侵入二次系统的通道

对于牵引变电所来说，可以采取的屏蔽措施有：一是二次设备外壳采用屏蔽材料，使自身具有较强的抗干扰能力；二是二次电缆采用屏蔽电缆，由于不接地的屏蔽层对电场干扰没有屏蔽作用，因此屏蔽层必须接地。为了进一步降低雷电电磁场对二次电缆的电磁干扰，建议尽量以辐射状敷设所内的二次电缆。电缆屏蔽层的接地点应尽可能远离雷电流入地点，如避雷针和避雷器的接地点。

4.隔离

牵引变电所综合自动化系统接入的开关量采集回路主要是在隔离开关和断路器的辅助接点处，而隔离开关和断路器均处在强电回路中，可能会受到操作过电压或者雷电过电压的干扰。所以，这些回路在接入综合自动化系统时建议采取光耦隔离措施。另外，对于既有牵引变电所，当不能在交直流系统内增加浪涌保护器时，可考虑加装隔离变压器。

牵引变电所二次系统的防雷已逐渐引起人们的重视，同时，二次系统的防雷是一个系统工程，各项防雷措施需要综合运用才能确保牵引变电所二次系统的安全可靠运行。相对于一次设备已经比较成熟的防雷保护方案，牵引变电所二次系统的防雷保护措施还不够完善，仍需在实践中不断补充和优化。

第六节 牵引变电所的接地

出于工作和安全的需要，牵引供电系统及其电气设备的某些部分需与大地相连接。接地是一项系统性的工程，其实质是防止变电所发生接地短路时故障点的地电位升高，因此接地工程实施效果直接关系到牵引变电所的正常运行，进而影响牵引供电系统的安全性和可靠性。

牵引供电系统的接地分为工作接地（系统接地）、防雷接地、保护接地。接地系统具有收集铁路牵引回流中的大地回流以及为一次设备提供过电压（雷电过电压、操作过电压）保护的功能，对变电所接地系统结构和性能进行研究，对提高铁路运行质量有着非常重要的意义。

一、接地系统的结构

变电所传统的接地方式中，所有电气设备各项功能的接地采用的都是同一个接地网（见图 3-14）。接地网用扁钢布置成水平长方形网孔结构，并由所在地的土壤结构和电阻率确定接地网的大小以及网孔的尺寸，在设备集中的地方设置垂直接地体以加强散流效果。水平接地体的外缘闭合，外缘各角煨制成圆弧形，圆弧的半径不小于均压带间距的一半。水平接地体的间距不宜小于 5 m，而垂直接地极的间距应大于或等于其长度的 2 倍。

牵引变电所的接地网可以为牵引电流提供地回流收集网，为变电所提供防雷接地，为变电所中设备外壳、电缆铠装、各种屏柜以及防护网栅提供保护接地，为所内弱电系统电源提供工作和保护接地。

变电所的接地装置应该敷设于变电所围墙之外,为避免人体触电事故发生,与墙至少保持3米的距离。在敷设过程中,埋深要超过0.6米,特殊情况下可根据当地地质条件调整埋深。

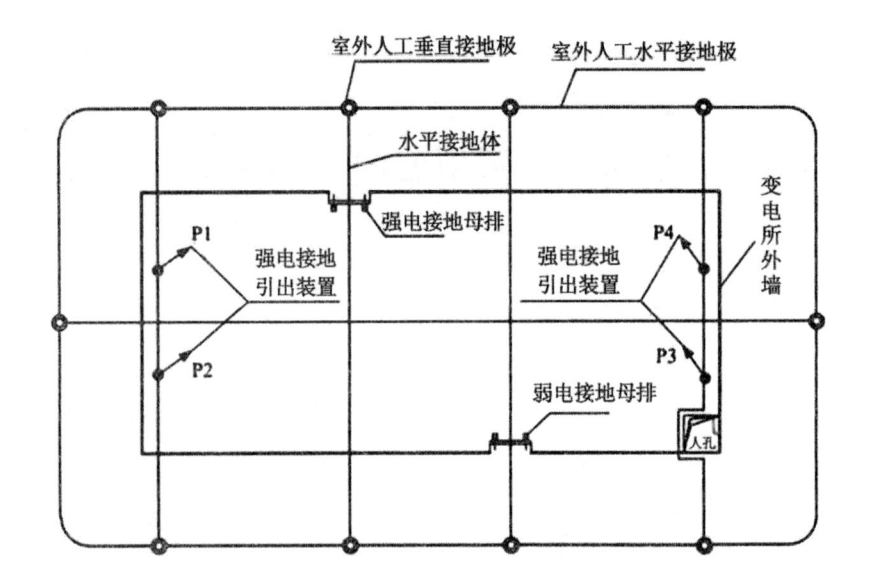

图 3-14 牵引变电所接地平面示意图

二、接地设计

由于接地装置埋设于地下,维护较困难,所以确保其设计满足技术参数要求,在其运行寿命周期内,始终起到应有的作用,是设计牵引变电所接地系统时必须重视的问题。

在接地系统的工程设计中,如何选择接地装置的材料、降低接地电阻、有效减少二次设备反击烧损事故以及接地网的布置形式等均是重点研究的问题,应综合工程实际进行技术性和经济性的比较。

接地系统设计的主要内容如下。

(一)资料收集

设计牵引变电所的接地系统,首先要知道变电所的规模、电压等级、主变容量、占地面积等资料,还需要掌握变电所所处位置的地形、地势、土质情况、土壤酸碱度、土壤电阻率等环境条件。此外,气象资料的收集也非常重要,主要是降雨情况、长年土壤干湿度变化情况、雷电活动情况、雷暴日、落雷密度和雷电强度等。

(二)接地网材料的选择

选择接地装置材料应综合考虑以下要求:良好的耐腐蚀性能,能持续负载大电流,运行寿命周期长,同时还要考虑接地装置施工的难易程度和工程投资的大小。目前,通用的接地装置材料是钢和铜,也有采用铜包钢的。在确定接地体材料时应进行全面的技术、经济比较,见表3-1。

表3-1 接地材料技术经济比较表

比较项目	铜	铜包钢	钢
施工难易程度	难	较容易	容易
抗化学腐蚀能力	强	较强	一般
电化学腐蚀电极电位/V	−0.2～0	−0.6～−0.2	−0.8～0
工程造价	高	中	低

为提高接地网的防腐蚀能力,牵引变电所接地网通常采用镀锌钢材。镀锌钢材成本较低、机械强度高,便于施工安装。但在现场施工,接地网焊接处的防腐措施受到现场条件的限制,无法达到镀锌钢材的原始防腐效果,一般运行8～10年就会出现严重锈蚀情况。

铜是良好的导电材料,导电率高、热容量大、耐腐蚀能力强、投运后检修维护工作量小,而且铜属于无磁材料、电感小。铜接地网的接地电阻和地电位比钢接地网小,同时能保证可靠运行25～30年。但铜接地体的机械强度比较低,敷设垂直接地体时,必须先钻孔,再将接地体插入孔中,同时涉及回填土问题,施工难度较大。另外,接地网采用铜材,工程造价比较高。

铜包钢是一种双金属复合材料,它既有钢的高强度和高导磁性,又和铜一样具有较好的导电性能和优良的耐腐蚀能力。根据集肤效应,当铜包钢表面铜层大于 0.25 mm

时，钢芯载流很小，只是受力体。铜包钢接地体可以直接打入地下，施工较为方便，工程造价介于镀锌钢材和铜之间。

在工程实施时，可以综合考虑以上因素，对接地装置材料进行选择。目前，普速铁路牵引变电所的接地网材料一般用钢材，在腐蚀性较强的地区采用铜包钢材料。在高速铁路和客运专线中，考虑到短路电流大、地网回流大等特点，接地网材料多选用铜材。

（三）接地网寿命的考虑

牵引变电所的电气设备寿命一般按 30 年要求，考虑到接地网埋入地下难以更换，接地网的使用年限不能低于电气设备的寿命，建议按 40～50 年考虑。这样，即使更换了地面上的设备，接地网仍然安全可靠，可以继续运行。在选择接地网导体截面时，应按热稳定需要的最小截面再加上 30 年以上的腐蚀截面考虑。

（四）接地电阻限值的确定

根据相关规范要求，需通过短路入地电流确定牵引变电设施接地电阻限值。高速铁路一般采用大电流接地系统运行方式，在运行过程中发生单相接地故障时，会有强大的单相短路电流 i_d 从接地点注入地中，从而产生很高的接地电压。一般来说，在发生接地故障时，继电保护装置会启动，最高允许接地电压为 2 000 V。因此，在牵引变电所接地设计时，接地电阻应满足 $R_{jd} \leqslant 2\,000/i_d$。

当 $i_d \geqslant 4000$ A 时，$R_{jd} \leqslant 0.5$ Ω。故而在牵引变电所接地设计中，一般接地电阻均按 0.5 Ω 设计。当接地网的接地电阻不符合相关规范要求时，可通过技术经济比较适当增大接地电阻，同时应采取措施确保人身和设备安全可靠。

接地电阻的大小除了和大地的结构、土壤的电阻率有关，还与接地体的几何尺寸和形状有关，当雷电冲击电流流过时，接地电阻还和流经接地体冲击电流的幅值和波形有关。

（五）降低接地电阻的措施

接地装置长期在地下运行，受地下水位和水土环境的影响，运行环境极其恶劣，接地装置面临化学腐蚀和电化学腐蚀的双重考验。同时，接地装置敷设环境的土壤电阻率直接影响接地装置腐蚀程度，因此在设计接地装置时应根据当地的土壤电阻率进行选择。

在土壤电阻率高、面积小的地区进行接地设计,要达到接地电阻要求是比较困难的。为了降低接地电阻值,在设计和施工时可采取适当增加接地体的尺寸、深埋接地极、人工改善土壤、采用降阻剂和敷设外引接地极等措施。这些措施应根据接地方案、运行环境、施工可行性和工程造价等方面综合考虑。

(六)接地网的布置形式

牵引变电所的接地装置,大多是以水平接地极为主,外缘闭合、内部敷设若干均压导体的接地网。在以往的设计中,均压导体一般按等间距布置。由于端部效应和邻近效应,各均压导体散流很不均匀,接地网边缘部分的导体散流大约是中心部分的3~4倍。因此,接地网边缘部分的电场强度比中心部分高,电位梯度较大,整个接地网的电位分布不均匀,且不均匀程度随接地网面积的增大和网孔数的增多越来越严重。

不难看出,均压导体采用不等间距布置的形式更为合理。该布置形式的中部间距大、边缘间距小,大大降低了电位梯度分布不均匀的危险,提高了接地网对人身和设备的安全水平。接地导体的散流能力得到充分利用,大大节约了钢材和相应的施工费。入地故障电流密度分布比较均匀,有利于降低接地电阻;地表电位分布均匀,能有效降低接触电势与跨步电势。

由于导体之间的屏蔽作用,在接地网内增加垂直接地体对减小接地电阻的作用不大。为了加强冲击电流的扩散而装设的垂直接地体一般只装在变压器、避雷针、避雷器下面。用于降阻的垂直接地体一般只布置在接地网的外缘,并且垂直接地体间的距离应大于垂直接地体长度的2倍。

牵引变电所内设集中接地箱,与接触网PW线、钢轨通过回流金属导体相连接。线路土建工程施工先于变电工程施工,需要在线路施工中预留接地装置的接地母排、过轨排管及接地回流导体引上和引下的管洞。

三、综合接地系统的发展

随着高速铁路及客运专线的发展，牵引变电所的设备设施发生了很大改变，综合自动化系统得到广泛应用，原有的继电保护以及测量信号设备都被微机系统取代，并且增加了大量的通信以及远程监控设备。如此一来，传统的接地系统的问题或缺陷在运行中逐渐显现，一是接地网各个部位电位不相等，二是电磁兼容性有问题。

为了解决牵引变电所接地系统中存在的问题，变电所的接地网逐步向综合接地系统发展。综合接地包括两个方面的内容：

其一，结构上综合了各种接地体，在变电站接地网与建筑物基础、电缆铠装、地下管道以及其他接地网之间实行互连，形成一个高低压兼容、强弱电合一的接地网。

其二，在功能上综合了接地系统的各种用途，包括为牵引负荷的地电流、杂散电流提供回流路径，为各类过电压提供保护接地，为通信系统提供工作接地以及保护接地，为电子设备和通信设备提供屏蔽接地。

在变电所综合接地系统的设计中，主要是从拓扑结构上进行改造来解决接地网各个部位电势不相等的问题。常用的方法是采用环网消除局部电位差，并利用环网之间联络线来减小环网之间电位差。各接地环网通过联络线与变电所的主接地网连接，以减少各接地环网电位差，避免在各接地环网之间的二次电缆或通信电缆屏蔽层中产生大电流，烧坏设备。

根据设备的不同用途及不同位置设置多个接地环网，一次设备与二次设备分别接于不同的接地环网中，回流电流单独使用一个环网，强弱电设备分别设置接地母排并采用并联接地方式。这样不但可以减少同一个系统中不同设备接地点的电位差，还可以降低高压设备以及电源对综合自动化装置中通信和信号设备的电磁干扰，有效解决传统接地系统中存在的问题。综合接地方案如图 3-15 所示。

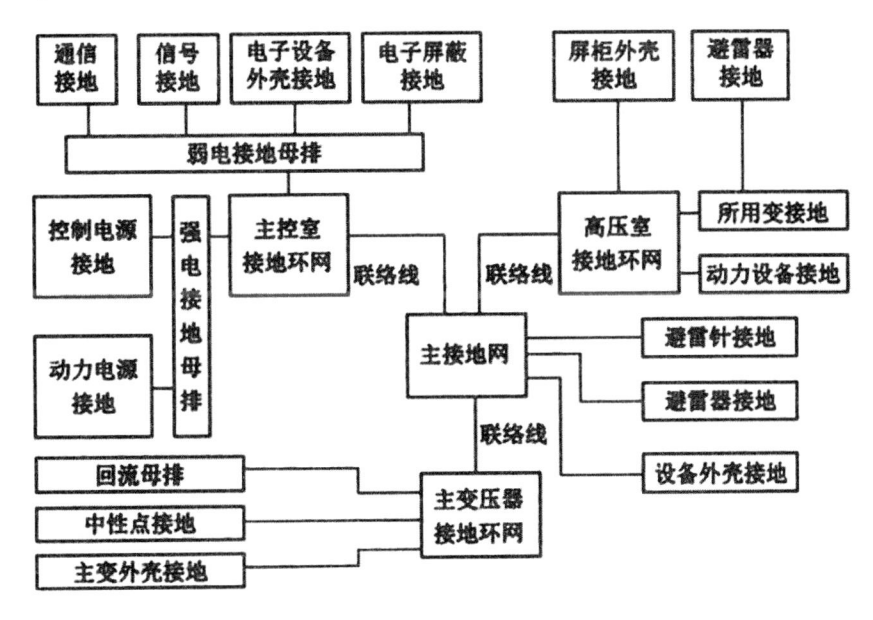

图 3-15 牵引变电所综合接地系统方案框图

第七节 牵引变电所的保护配置

牵引变电所内的主变压器和馈线是重要的保护对象，对它们进行保护配置，可以在变压器内部故障、外部馈线故障、接触网短路等特殊情况下，快速准确地将故障设备和故障区域隔离，通过倒闸操作、备用设备投入等操作，实现非故障区的继续供电。

设计高速铁路牵引变电所继电保护配置方案时，可以采用差动保护、低压启动的过电流保护等方式来保护 220 kV 牵引变压器，其中差动保护是主保护，低压启动的过电流保护是后备保护。主保护是一次保护，当发生故障时能瞬时动作，保证发生在整个保护范围内的故障都能在最短的时间切除，并保证系统中其他非故障部分继续运行。当主保护因为各种原因没有动作，在经过一定延时后，另一个保护动作将故障回路断开，这个保护就是后备保护。主保护一般反映变压器的内部故障，后备保护则反映变压器外部故障，保护范围主要是变压器外部线路。

变压器电流差动保护原理如图 3-16 所示。在变压器的两侧均装设电流互感器，并在两个电流互感器之间接入电流继电器,在继电器线圈中流过的电流就是两侧电流互感器的二次电流差。

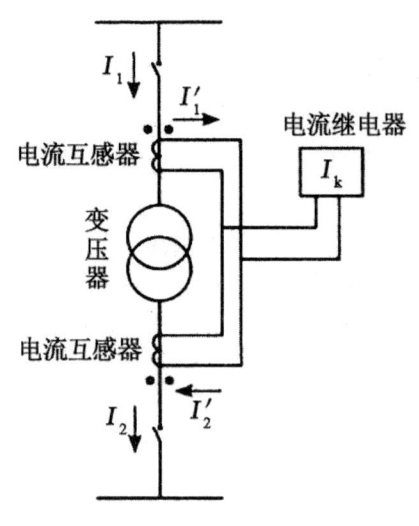

图 3-16 变压器差动保护原理图

在变压器正常运行及外部故障时,差动回路电流在理论上应该为零,即 $I_k = |I_1' - I_2'| = 0$。考虑到两侧电流互感器的特性不可能完全一致,在正常运行和外部短路时,差动回路中仍有不平衡电流流过,此时就要求不平衡电流尽可能小,以确保继电器不会误动作。当变压器内部发生相间短路故障时,在差动回路中由于 I_2 改变了方向或等于零,这时流过继电器的电流 $I_k = |I_1' - I_2'| \geqslant I_{set}$,能使继电器可靠动作。由于差动保护对保护区外故障不会动作,因此差动保护不需要与保护区外相邻元件保护在动作值和动作时限上相互配合,所以在内部故障时,可以瞬时动作。

过电流保护在变压器的保护装置中主要作为后备保护。在实际应用中,由于牵引供电系统为重负荷供电线路,有可能造成过电流保护误动作,所以常采用低电压启动方式提高过电流保护的可靠性,即采用低电压启动过电流保护作为牵引变压器高、低压侧的后备保护。牵引变压器低电压启动过电流保护的主要理论依据,是牵引网正常工作时的最低持续运行电压不低于 20 kV,牵引变压器低压侧母线的最低设计电压一般为 24 kV。因此,在牵引供电系统正常运行时,母线电压大于低电压整定值,即使负荷电流大于动作电流整定值,该保护也不会误动。

由于采用了低电压启动元件,所以过电流保护的整定可以按照躲过额定电流值来整定，而不用按照躲过 3 倍变压器额定电流值来整定（牵引变压器要求在 3 倍额定负荷下还要正常工作 2 分钟），从而大大提高了保护的灵敏性。牵引变压器低压侧采用单相式低压启动过电流保护，保护原理如图 3-17、3-18 所示。

图 3-17 α 相低压启动过电流保护原理

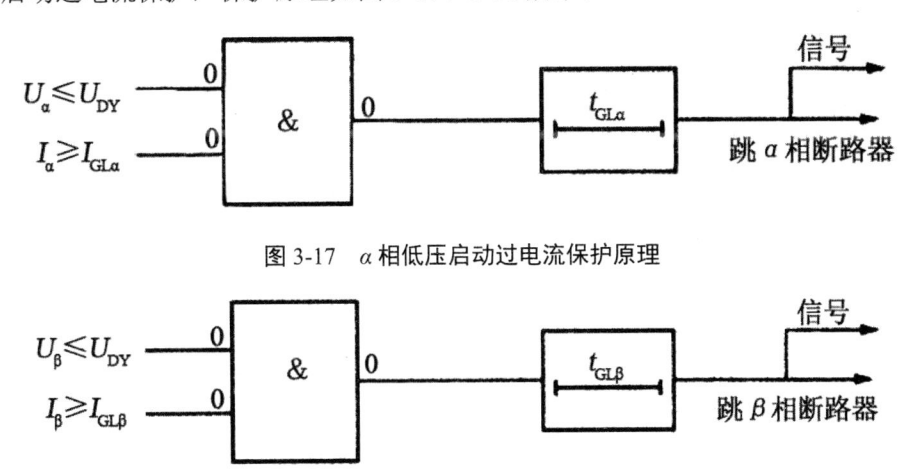

图 3-18 β 相低压启动过电流保护原理

图中，$U_α$、$I_α$ 分别为牵引变压器低压侧 α 相的电压和电流，$U_β$、$I_β$ 分别为牵引变压器低压侧 β 相的电压和电流，U_{DY} 为低电压启动判据定值，$t_{GLα}$、$t_{GLβ}$ 分别表示低压侧 α 相、β 相的动作时限，$I_{GLα}$、$I_{GLβ}$ 为低压侧 α 相、β 相的过电流定值。由于牵引变压器 α 相、β 相的容量经常不相等，因此两相的过电流定值也往往需要分别计算。当变压器低压侧的单相电流高于过电流定值且单相电压低于低电压启动判据时，电流元件和电压元件同时动作，时间继电器经过一定的时延后，若故障仍存在，则相应断路器跳闸，将故障切除，若故障消失，则后备保护返回到正常工作状态。

牵引变压器高压侧采用三相式低压启动过电流保护，并用作差动保护和低压侧过电流保护的后备保护，该保护同样利用了低压侧母线电压，其原理框图如图 3-19 所示。

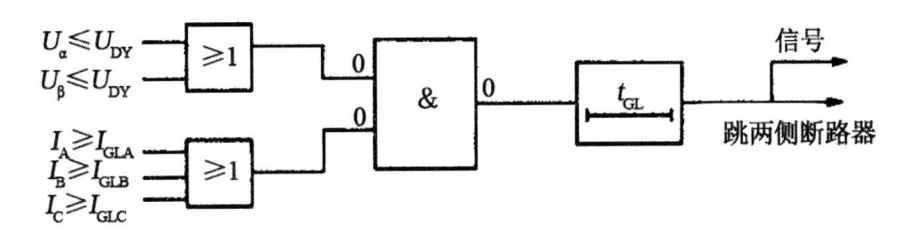

图 3-19 高压侧低电压启动过电流保护原理

图中，I_A、I_B、I_C 分别为牵引变压器高压侧 A、B、C 相的测量电流，I_{GLA}、I_{GLB}、

L_{GLC} 分别为高压侧 A、B、C 相的过电流定值，t_{GL} 表示高压侧过电流保护的动作时限。由于牵引变压器高压侧三相容量会不相等，所以三相的过电流定值也需要分别计算。

牵引变压器低电压启动过电流保护在我国普速铁路中有多年的成功运行经验，因此新建的高速铁路也沿用了这一保护作为后备保护。

此外，对于油浸式变压器，往往还采用瓦斯保护作为辅助保护。当变压器油箱内部发生故障时，短路电流产生的电弧会使变压器油和其他绝缘材料分解产生大量的瓦斯气体，气流中还夹杂着细小的、灼热的变压器油，瓦斯保护就是利用变压器油受热分解所产生的热气流和热油流来动作的保护。瓦斯保护既可以反映变压器油箱内部故障（如匝间短路、层间短路等），又可以反映变压器的不正常工作状态（如油面过低、长期过热等），所以瓦斯保护也分为重瓦斯和轻瓦斯，重瓦斯动作于跳闸，轻瓦斯动作于报警。

牵引变电所继电保护的配置一般有如下规定：

继电保护设计除符合铁路要求外，还应符合《继电保护和安全自动装置技术规程》（GB/T 14285—2006）的有关规定。

牵引变电所的电源进线设失压保护，馈线应有不少于 2 段设距离保护、高阻保护、过电流保护、电流增量保护和断路器失灵保护。牵引变压器设差动、过负载、瓦斯、油温保护，高低压侧分别设带低电压启动的过电流保护。分区所、AT 所馈线设失压保护、阻抗保护、过电流保护、电流增量保护，分区所馈线应有不少于 2 段设距离保护和过电流、高阻保护。开闭所进线设过电流保护和失压保护，主要用于切除母线故障和作为馈线保护装置的后备保护，馈线设电流速断保护及距离保护或过电流保护。自耦变压器设差动、过负荷、过电流、瓦斯、油温保护。

系统设置独立的 AT 供电故障测距装置。装置以供电臂为单元进行配置，具有"召唤测距"功能，可支持吸上电流比、线性电抗法和馈线电流比等测距原理，并可根据不同的系统运行方式和线路故障情况选择合适的测距原理来测距，也就是提供变电所馈电出口到故障点的距离，为查找与排除故障提供方便。

第四章 铁路供电的牵引网

第一节 要求和规定

电气化铁路运营的可靠性很大程度上取决于系统的可使用性和牵引供电的质量。向牵引动力车供电的接触网设备特别重要。接触网是在整个铁路供电网络中唯一出于经济和技术原因不能设计成冗余结构的子系统。因此，接触网应具备在一定范围内的电能传输和在极端工作条件下的滑动接触传导两大功能。

为保证接触网系统性能最优，在铁路电气化实施前的准备阶段要认真设计，在施工时要使用成熟的、经仔细检验具有较长使用寿命的结构零部件，并正确安装，同时应在运营过程中加以适当维护。接触网系统设备结构应满足下列要求：

①设备应能做到运营安全并传输牵引动力所需功率。

②在运营时不允许出现危及人身与设备的情况。

③设备的所有部件具有至少 50 年的使用寿命，因此要求：机械和电气强度较高；抗冰、风荷载，大气环境作用稳定；所有构件耐腐蚀，对接触线磨耗要求较小。

④在有建筑物区域安装架空接触网时还应注意美学和城市建筑景观要求。

⑤应考虑有关自然和环境保护的要求。

⑥在整个使用寿命期间，安装、运营和维护的总成本应最小。

第二节　接触网系统

一、相关概念

在经历了利用绝缘轨给电力机车供电或利用钢轨旁的槽内接触线进行滑动接触供电等原始试验之后，现在所应用的均是弹性的架空接触网或相对刚性的受流轨方式。通常来说，接触网所采用的结构形式需与运行速度相适应。电气化铁路接触网系统如图4-1所示。

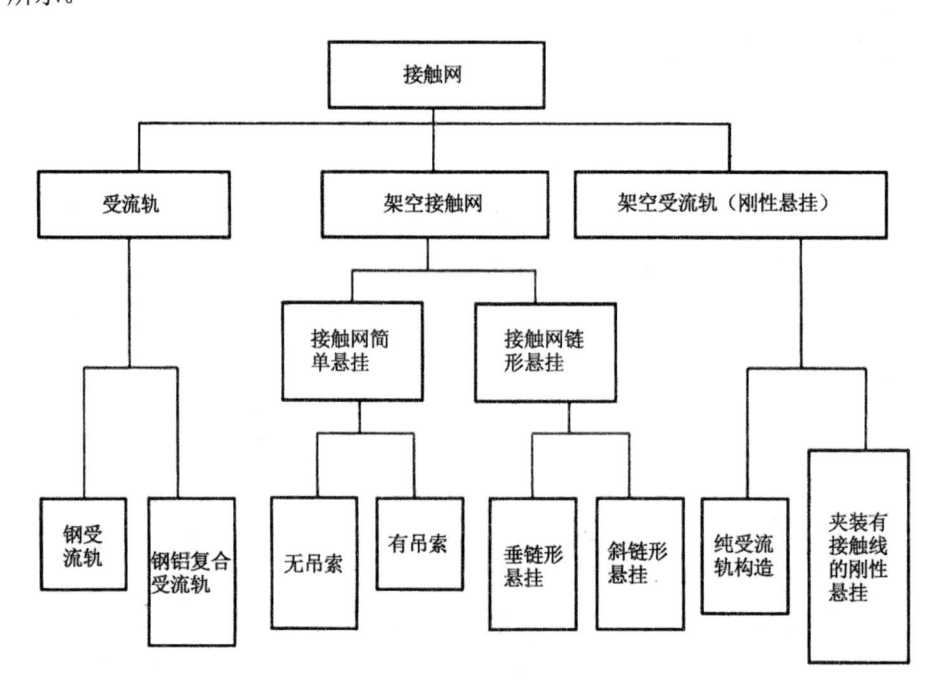

图 4-1 （各种）电气化铁路接触网系统

下面引用欧洲标准对所提出的概念加以解释：

接触网设备，是受流轨（接触轨）、架空接触网和架空受流轨（刚性悬挂）设备的总称，是通过受电弓把电能提供给机车车辆的必要设备。

架空接触网（设备）是一种或设置在机车车辆正上方或设置在其侧面的架空供电网，通过车顶或侧面受电弓来供电。它包括：

①固定在支持结构上的所有导线和柔索，如纵向承力索、横向承力索、接触线，以及供电线路导线如回流线、架空地线、避雷线、供电线，加强线和负馈线；

②基础和支承结构，以及用于导体的支承固定、侧向定位或绝缘的所有其他结构件；

③安装在支承结构上或紧邻支承结构的开关设备、监测装置和保护装置。

受流轨（接触轨）设备，是一种以接触轨作为接触导体的、设置在机车车辆侧面或侧下方的接触网。

架空受流轨（刚性悬挂），是一种采用顶部安装方式的接触受流轨，它位于机车车辆上方。

架空链形悬挂接触网，是一种接触线悬挂在一根或数根纵向承力索下的架空接触网。

接触线，是一种与受电弓直接接触的接触网导电体。

架空接触网的悬挂方式，是指架空接触网通过其工作方式的特点来表征的构造形式，如带有辅助弹性吊索的垂链形架空接触网悬挂方式。

架空接触网悬挂方案，是指固化了标准零部件装配的架空接触网悬挂方式的实施方案，如西门子公司的 SICAT H 型接触网悬挂方案。

铁路输变电线路，可以是供电馈线、加强线、捷接线或负馈线各种形式。这些线路与钢轨电压（回路）没有关系。

供电线，是开关设备和接触网之间的线路连接线，以架空线或电缆的方式安装在接触网本身的支柱上、架空线杆塔上或其他悬挂点上。

加强线，是为了加大供电线的有效截面而与接触网并联设置的架空线或电缆，加强线每隔一定距离与接触网或受流轨连接一次。

迁回线（捷接线），是（绕过就近的网上）可开断的电气分段向下一个电气分段迁回供电的供电线。其电能来自架空接触网和加强线。

支持装置，是由导电金属材料和相应的绝缘子构成的，起到对架空接触网的承载和侧向定位作用的部件。

回流线（回流导体），是指构成在工作状态和故障状态下设定的牵引供电电流回路的所有导体。它们的钢轨电位、地电位显示出不完全等电位的特点。回流导体包括以下几部分：①走行钢轨；②回流线索、回流接触线（无轨电车时）和回流轨；③给吸流变压器供电的回流线；④回流电缆；⑤大地（仅用于交流电气化铁路）。

回流轨道，是指利用列车走行钢轨作为牵引供电电流回路和故障闪络保护回路的一种设备。

接地线，是指在直流电气化铁路上每 300～500 m 以绝缘子分段布设的一种导线；它用于在带电体和非工作电流回路的设备部件之间出现故障闪络时保护人身和设备安全。接地线和回流钢轨之间通过具有"自复位"功能的电压限制装置连接，这种连接装置不会导通（正常）工作时的电流。

跨距，是指接触网沿轨道方向两个相邻悬挂点之间的距离。

锚段长度，是指该段架空接触网的一个下锚点到另一个下锚点的距离。

中心锚结，是一种沿轨道方向固定住架空接触网的一种装置。

中性隔离区，是为了避免运动中的受电弓通过（该区域）时同时接通前后不同相位的两个紧邻电气分区而设置的一种接触网中间隔离段，其两侧各设一个电分段。

电分相区，是为了避免运动中的受电弓通过（该区域）时导致前后具有不同电压或不同相位的两个紧邻气分段短路导通而设置的一种接触网中间隔离区，其两侧各设一个电分段。

二、架空接触网

（一）概述

对于工作电压超过交流 1 000 V 和直流 1 500 V 电压的接触网，考虑到人身安全，只许采用架空接触网形式。在运行速度超过 100 km/h 时，电气功率的传输首先取决于相关部件的动力学特性。随着运行速度和传输功率的提高，架空接触网经历了从 1881 年有轨电车轨道的简单悬挂到今天高速铁路架空接触网多种结构形式不断发展的过程。

运输要求、城市建筑景观、各铁路部门所提出的任务要求和可行性、工作电压以及参与企业的经验和能力等，都对架空接触网的形式产生了影响。

（二）接触线和承力索

与受电弓接触的架空接触网导线称为接触线。它与承力索、吊弦和辅助吊索共同构成了链形悬挂。接触线最重要的任务，是以滑动接触方式把电功率传输给受电弓滑板时保证不间断地提供电流。为了使受电弓滑板均匀磨耗，线路中心线上方架设的接触线大多采用了变换拉出值方向的方式。为了避免对曲臂式受电弓产生不允许的侧向加速度，接触线必须无侧向偏移或侧向偏移较小。

为在上部固定线夹而设置有两个夹槽的接触线称为双沟型接触线。根据使用目的，有各种不同的接触线形式和截面。对架空接触网，主要采用圆形断面接触线，但也有采用宽形断面的双沟型接触线的。接触线的截面需根据电流负荷、电压稳定性要求和列车牵引力设计选用。

交流电气化铁路大多通过单根接触线把功率传输给牵引动力车，而工作电压在 3 kV 以下的直流电气化铁路在有较高牵引功率时大多数则需架设两根平行的接触线，称为双接触线。考虑到架线安装技术，接触线截面限制在约 170 mm^2。

承力索在架空接触网中起到支承和锚固结构的作用，并兼作电气的传导体。锻造合金材料 CuMg 0.5，被广泛使用。在德国，承受机械外力同时亦导电的承力索、软横跨、定位索等，其主要成分均为该合金。

在直流电气化铁道上，为了提高链形悬挂的电流负载能力，通常使用纯铜（E-Cu 电解铜）绞线作为承力索。用作承力索和接触线之间以及链形悬挂锚段关节之间的电连接线、开关连接跳线以及吊弦用的材料，均采用细股线绞合的纯铜线。

在老式的架空接触网设备中，承力索、横向承力索和定位索采用的是镀锌钢绞线。采用单一成分的钢绞线的明显缺点是易受腐蚀。镀锌钢绞线也用于支柱的接地线，而定位器防风拉线则采用的是不锈钢丝。

对于仅承载自重并允许按照最大弛度安装的铁路供电线和回流线，可采用铝绞线，其导电能力和强度虽然比铜小但是价格便宜，且铝材质表面形成的氧化保护层具有很强的耐蚀性。

（三）简单悬挂接触网

与链形悬挂接触网系统相比，简单悬挂接触网的接触线弛度大且悬挂点之间允许跨距小，只有这样才能适应受电弓通过时保持基本恒定的导线高度要求。仅限于（最高）80 km/h 的运行速度，使该方式的应用范围局限在有轨电车、地铁、工矿铁路以及铁路支线和铁路干线的站线场合。

根据悬吊方式的不同，简单悬挂接触网可分为：
①采用接触线（无补偿）固定下锚方式的单点悬挂式；

②有或没有自动下锚补偿的摆式悬吊（图4-2）；

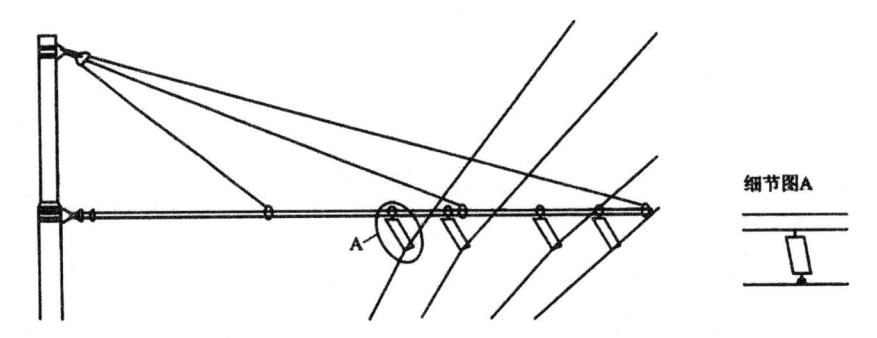

图 4-2 无轨电车架空接触网摆式悬吊方式

③弹性支承方式（图4-3）；

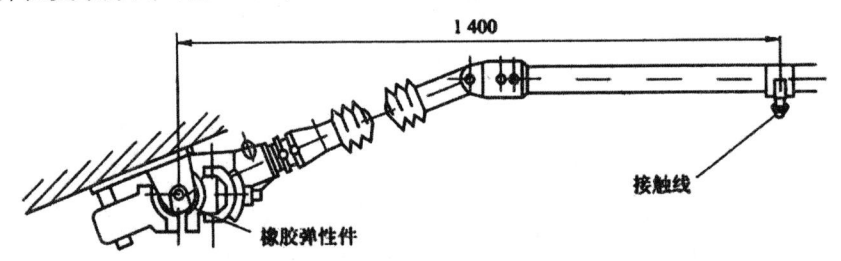

图 4-3 弹性支承方式

④有辅助吊索的简单悬挂接触网（图4-4）。

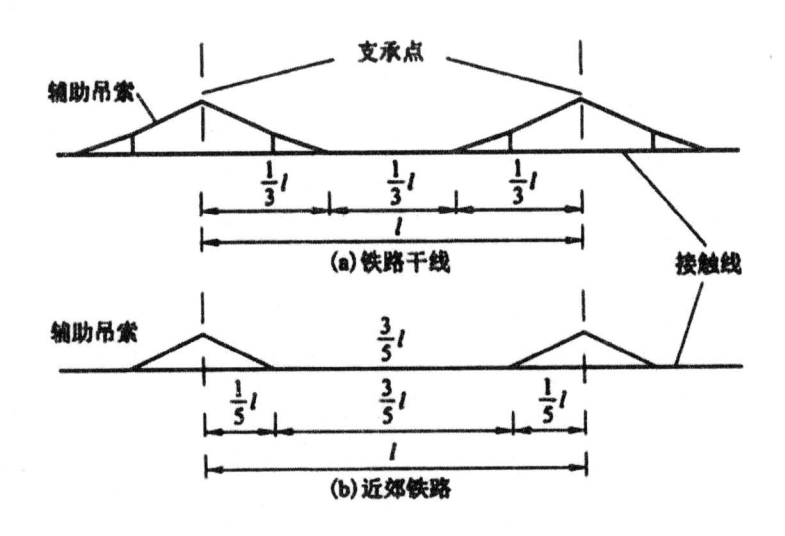

图 4-4 有辅助吊索的简单悬挂接触网

三、接触轨

接触轨是电气化铁路接触网设备最古老的形式,它主要在地下铁道或城市区铁路上使用。但额定电压超过 1 000 V 时,架空接触网形式占主导地位。

接触轨几乎是刚性的抗弯导体,它绝缘安装在轨道侧面或双轨之间,因此一方面要传输电能,另一方面还要防止人们直接接触。

在独轨铁路中,列车从接触轨获取电能,由走行轨构成返回牵引变电所的回流通道。像伦敦地铁那样采用双接触轨的系统是较为少见的,即通过两根接触轨完成向列车提供电能并经车辆负荷后返回电流,在该系统中的走轨仅用作引导车辆。

四、架空受流轨

传输电气功率的接触轨也可以设置在车辆的上方,此时称之为架空受流轨(刚性悬挂)。在车辆上方采用刚性的受流轨安装方式,可缩减在隧道、车库和高架建筑物下所需的空间,因为架空受流轨的标准安装高度仅需考虑轨面以上的最小高度和安装误差。

第三节 接触网供电分段

一、要求

为保证电气化铁路在挂网范围内可靠地运营,可将接触网的供电分隔成带电区段和不带电区段。这样在维修时或出现故障时均可以继续使用其他未出现故障的电气分段中的接触网设备。在接触网的规划、设计及建造过程中进行平面布置时,应注意以下要点:

第一，为了尽量减少对未出现故障区域的列车运营的影响，接触网的电气分段应能将被断电区域限制在一个局部范围内。

第二，为了切除故障区段和工作事故，接触网的电气分段必须简单明了、一目了然。因此，在同一个铁路网中需按统一的原则进行分束分段。

接触网供电分段的平面设计，需要将电气技术、继电保护技术、运营和维修管理知识以及经济性要求合理地结合在一起综合考虑。在规划设计城市近郊电气化铁路接触网供电分段时，还应注意城市建筑景观的要求。

二、供电分段的类型

牵引变电所向设定区域的电力牵引动车提供电能。该接触网区域被称为牵引变电所供电臂范围。正线的供电分段是指由变配电设备的线路区间供电支路（也称为正线供电分支）经由开关设备馈出供电的接触网电气分段。特别是在干线铁路上，变配电设备中间的正线"接触网供电分段"会被分成数个供电"开关分段"，而这些供电开关分段又可进一步被分为"开关分组（分束）"（如图4-5）。

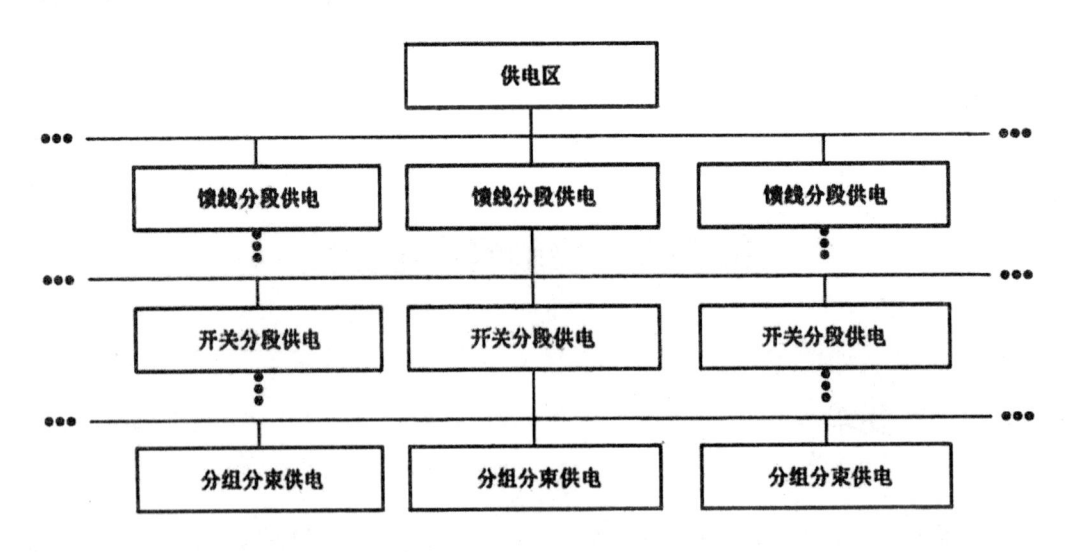

图 4-5　接触网的供电分段名称

三、交流干线铁路的接触网供电分段

本书以德国铁路接触网供电分段为例对电气分区的设置要求进行说明。给供电分区供电的电源来自变配电设施的牵引变电所、分区所或开闭所。供电分区可以分为几个供电分段，每个供电分段由邻近开关设备中一个或下一个断路器开关以单边或双边方式提供电能。供电分段设备包括供电线、架空接触网、加强线和迂回捷接线。与牵引变电所的电源不同，开闭所的电源通过接触网和/或供电线获取。通过带电的牵引网馈出线可以分别给正线区间、车站或备用供电分路供电。

分区所通过断路器开关实现与架空接触网的纵向和横向连接，并且借助于设有"接通/断开"转换开关连接的中性段，使牵引变电所供电的两个不同相位供电臂（在接触网上）相互隔离。

接触网电分段（绝缘锚段关节）或中性段构成供电分区的边界。接触网隔离开关在纵向上和在横向上形成数个接触网供电分段，有时也在横向上进行股道间的供电分束，这些分束、分段在电气上是隔离的。按此道理，线路区间供电和车站地区可以划分为不同的分段供电区域（图4-6）。

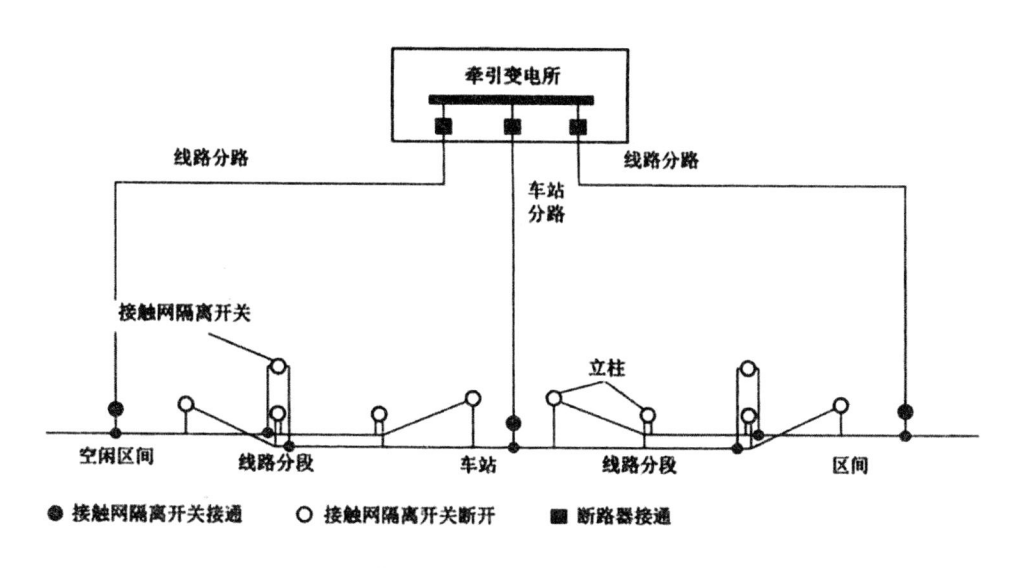

图4-6 16.7 Hz 架空接触网的线路区间供电

从图4-7中可以看出采用德国铁路Re330型架空接触网时的信号机和进站道岔起点

之间的距离（单位：m）。

该图中阴影部分表示的是车站和区间之间的供电分段区域分界。

车站的供电分段划分为电气隔离的正线分段区和侧线分段分束区，在长大车站区域，正线通常还纵向细分为几个供电分段。线路正线采用绝缘锚段关节，实现主供电回路上供电分段的纵向电气隔离。

车站区域的正线和侧线供电分段的横向电气隔离采用分段绝缘器，该分段绝缘器允许的列车最大通过速度为200 km/h。

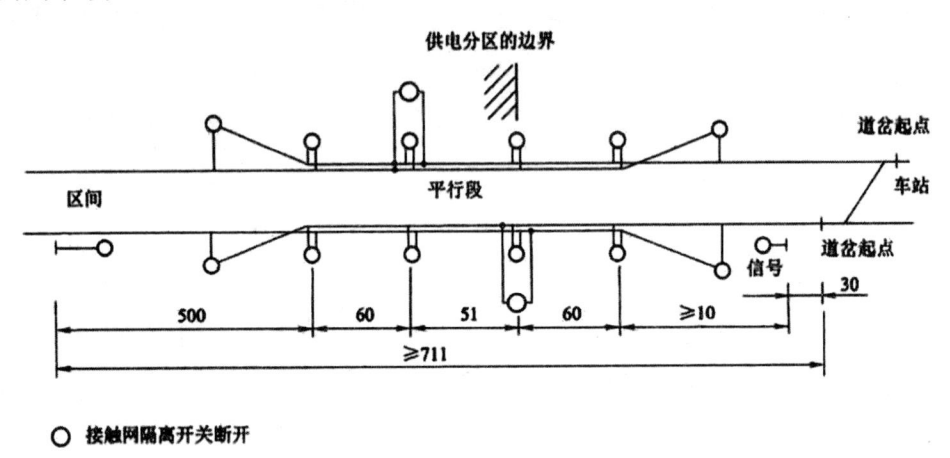

图 4-7 供电分段分区的边界和信号机之间的匹配要求

四、直流制式的短途轨道交通接触网供电分段

短途轨道交通接触网的供电分段划分需结合从根本上有别于长大干线铁路的路网结构特点和运营要求进行。与长大干线铁路的机车车辆不同，适用短途运输的机车车辆需要具有一种特别的牵引特性，即在加速度高达 $1.3~m/s^2$ 时，具有明显更高的加速和减速能力。与长途铁路不同的还有，短途铁路运输的列车运行间隔时间短于长途铁路。起动和制动过程产生的前后间隔时间短，特别是在有轨电车线路上，这种过程发生得更为频繁，甚至多次重叠。此外，因运行故障、私人小汽车和特种车辆的影响而造成偏离行车时刻表计划，出现车辆拥堵以及由此引起接触网设备局部峰值负荷的现象也不少见。因此，接触网悬挂方式、结构型式和供电分段需与上述这些运营特点要求相适应。

市域快速铁路和地下铁道的供电分段与连接方式、安全技术装备以及主要铁路线型分布，与长途干线大铁路的情况相似。表 4-1 给出了短途轨道交通运输中典型的供电分段方式和所采用的接触网结构型式。

表 4-1 短途轨道交通常用的接触网供电分段方式

短途轨道交通	划分电分段	接触网悬挂类型	说明
市域快速铁路（S-Bshn）	l2a，2b，3，6	受流轨、链形悬挂接触网	主要按铁路线别形式进行分段划分，在市中心或为混用模式，需采取安全技术措施
地铁	1，2a，2b，3，5，6	受流轨、链形悬挂接触网	主要按铁路线别形式划分，需采取安全技术措施
城市内轻轨铁路	1，2a，3，4，6	链形悬挂接触网、简单悬挂接触网	主要按铁路线别形式划分，在市中心或为混用模式，兼作有轨电车道，部分在地下；局部区段，特别在地下线路，需采取配套的安全技术措施
有轨电车	1，2a，4，8	链形悬挂接触网、简单悬挂接触网	在市中心为混用模式，在郊区可能采用分线划分供电分区的模式和瞭望行车方式，可能出现交通拥堵

在所列出的供电分段方式中，常采用直接与接触网并联的加强线方式，用以提高接触网承载的电流能力并改善网压，此方式还能够降低接触网阻抗而有利于短路保护。

图 4-8 所示的是市域快速铁路 S-Bahn 的接触受流轨供电分段的局部示意图。

为了提高供电安全可靠性，市域快速铁路牵引变电所输出端和接触网设备之间设置了接触网开关装置，以便牵引变电所内设备在出现故障或者进行维修时能够达到满足运营要求的分段供电状态。但是针对接触网开关装置应用的调查研究却表明，该措施对供电安全可靠性并没有明显提高。

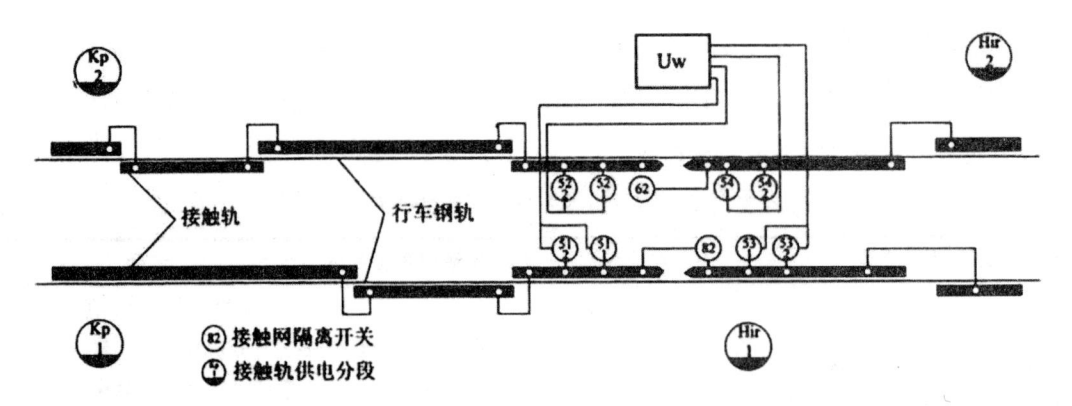

图 4-8　市域快速铁路 S-Bahn 的接触受流轨供电分段的局部示意图

图 4-9 所示的为供电连接电路。邻近的牵引变电所向不同线路方向的上下行铁路分别独立供电。设置在中间站的隔离开关连接上下行铁路的接触网。这种供电分段与连接电路除了具有双边供电的优点，还通过将上下行两组接触网并联的方式使接触网阻抗更小，因而电压降亦更小。接触网的网络化连接改善了机车车辆再生制动反馈的电能和加速的车辆消耗电能之间的平衡利用条件。在故障情况时牵引变电所的供电断路器开关首先断开并且通过中继电路断开上下行线路之间的开关，随后线路故障测试装置开始工作（判断故障所在供电分段），最后使没有故障的供电分段区域重新带电，即通过这种缩小的供电分段减少对运营限制的影响。这种分段电路的缺点是需采用 4 组断路器开关，但正常运营时的保护装置设置只能对应一组断路器开关。

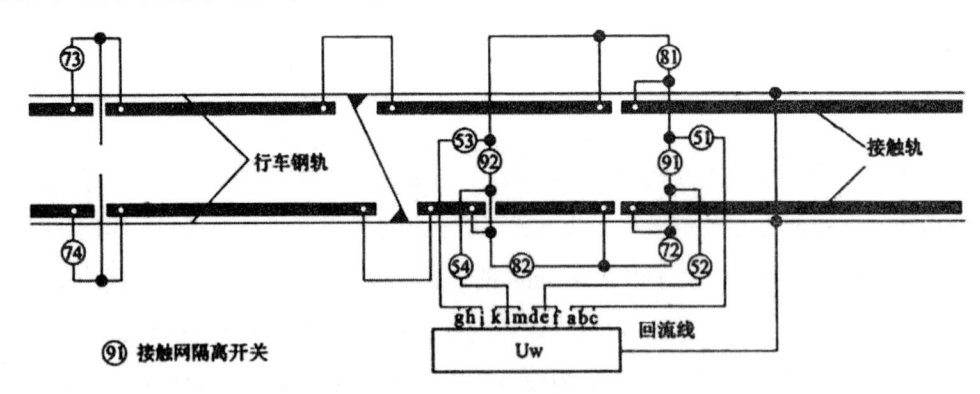

图 4-9　地铁 U-Bahn 的接触轨受流供电分段的局部示意图

有轨电车的接触网供电分段需结合当地情况而定。德国运输企业协会（VDV）制定了主要的规定并提供了建议，对此，各有轨电车运营商可以结合接触网结构形式和开关连接条件具体应用，特别是在新设备的结构形式统一方面。

在有轨电车的特殊段运营线路，例如运转停车场的驶入线、市中心主要线路以及运营繁忙的城市内铁路段，为了提高可使用性而采用按上下行不同行车方向分开供电的方式，这样在故障情况下至少有一条线路可继续运营。其前提条件是线路必须允许双向变换运行。在无故障运营情况下，上下行的接触网通过可远动遥控的接触网隔离开关并联导通以减小阻抗。

有轨电车的路网密度比市域快速铁路和地下铁道更大。特别是在大城市，线路分岔位置和十字路口交叉点之间的距离经常只有几百米，这导致了各线路不可能仅由单一牵引变电所供电。牵引变电所的供电臂范围内经常包括多条其所覆盖区域内的线路。图4-10表示的是莱比锡交通运输公司供电分段平面示意图（局部）。

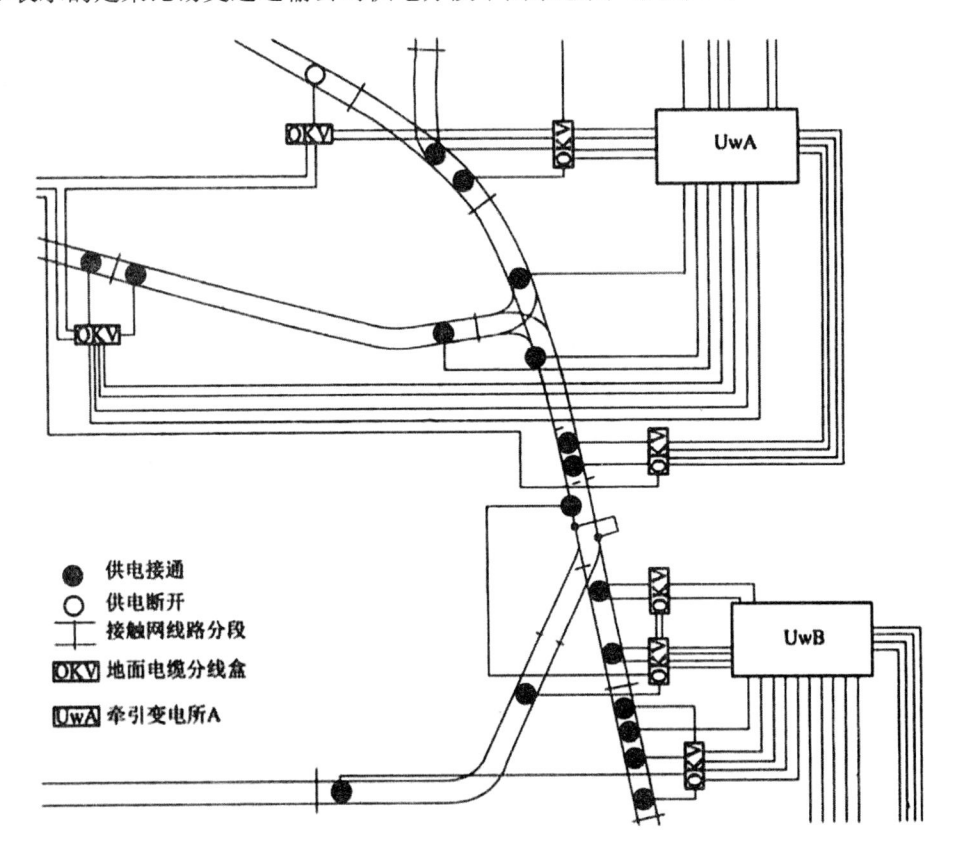

图 4-10 莱比锡交通运输公司供电分段平面示意图（局部）

这种电路的特点是：

（1）带有多路分段供电馈线的大功率牵引变电所。

（2）输出端有大量的供电电缆设备，每路馈线至少有两根 NAYY—O 500 mm² 的电缆，局部成网并通常在地面电缆分支配电箱中进行连接。

（3）每个供电分段至少由两路来自同一个断路器开关的馈线供电。

（4）供电分段相对较短，其在两个电分段间隙之间的距离常常只有几百米。分段绝缘器的数目和设置位置，特别是在有轨电车的运营中，起着重要作用。因此，接触网供电分段的设计必须考虑通过停车站、信号灯交叉路口和车辆前进中操控时的起动和制动距离。

在交叉路口和线路分岔处，分段绝缘器的设置位置对供电系统设备的可用性有重要影响。图 4-11 表示的是两种在线路三角形岔线区域的电分段绝缘器设置方案。在方案 a 中，分段绝缘器设置在三角形岔线区域的外面，即整个三角形岔线区域构成一个供电区。在故障时，例如故障发生在区域内的分岔线 D 处，则整个三角形岔线区域枢纽就无法使用。在方案 b 中，分段绝缘器设置在三角形岔线区域的连接渡线上，这样即使分岔线 C 处有故障也不影响分岔线 A 和 B 的运营使用。对比表明了方案 b 在运营方面的优点，但前提是要采用能够应用在线路曲线区段的分段绝缘器型式。

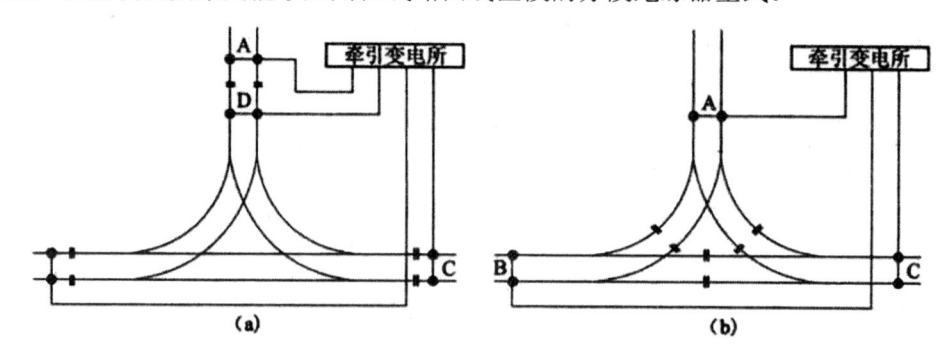

图 4-11　两种在线路三角形岔线区域的电分段绝缘器设置方案

第四节　牵引供电线路

称为牵引供电线路的带电体导线有：供电线、加强线、负馈线、捷接线。

供电线将供变电设备相连通，比如把牵引变电所与开闭所连接起来或把开关设备与架空接触网连接起来。供电线可以是架空线或电缆的形式。

供电线承载着架空接触网和加强线的总电流。供电线需在考虑铺设方式的情况下按照所预计的牵引负荷来设计,以避免热负荷和机械负荷的过载。

德国铁路采用表 4-2 所列的架空供电线和供电电缆规格形式向架空接触网供电。

表 4-2 德国铁路架空接触网所采用供电线和电缆的型式与截面

架空接触网的导线类型 接触线/承力索/加强线	架空供电线的 截面/型式	供电电缆的截面/型式
Ri100/BzⅡ 50/无	1×240-A11	N2×S2Y18/30 KV1×240 rm
Ri100/BzⅡ 50/240-E-AL	2×240-A11	2×N2×S2Y18/30 KV1×240 rm
RiS100/BzⅡ 70/240-E-AL	2×240-A11	2×N2×S2Y18/30 KV1×240 rm
RiM120/BzⅡ 120/240-E-AL	2×240-A11	2×N2×S2Y18/30 KV1×240 rm
2x Ri100/Cu95/无 [1]	2×240-A11	2×N2×S2Y18/30 KV1×240 rm

注:1.市域快速铁路架空接触网。

德国铁路使用的供电电缆,其带电体对地电压取 18 kV。这种电缆采用了单端接地的铜屏蔽层防护结构,其铜屏蔽层截面为 70 mm^2 或 50 mm^2,以避免开关开断对绝缘层的损害。为了避免屏蔽层承受牵引回流,不允许采用电缆屏蔽层双端接地方式。此外,为防止在接触网短路时影响牵引变电所的碰壳保护装置动作,也应采用单点接地方式。可很方便地将电缆终端接头处的屏蔽层在接触网立柱处进行单点接地。

供电线采用接触网支柱和桁架铁塔柱支承沿铁路线铺设。供电线在支柱上的固定方式可分为直接固定方式和肩架悬挂方式。采用直接固定方式时,供电线设置在支柱上而无需肩架横梁自身承载结构,因此只限于固定单根供电线的情况。在有多根平行供电线路时,如在曲线上,在软横跨交叉处或需要考虑保持一定的距离时,只能采用肩架悬挂方式。肩架悬挂方式又可以分为简单支撑肩架悬挂方式和双支撑肩架悬挂方式,出于安全原因或出于供电线展开方便的需要,有必要时可采用双支撑肩架悬挂方式。如图 4-12 所示,供电线悬挂固定在肩架上。

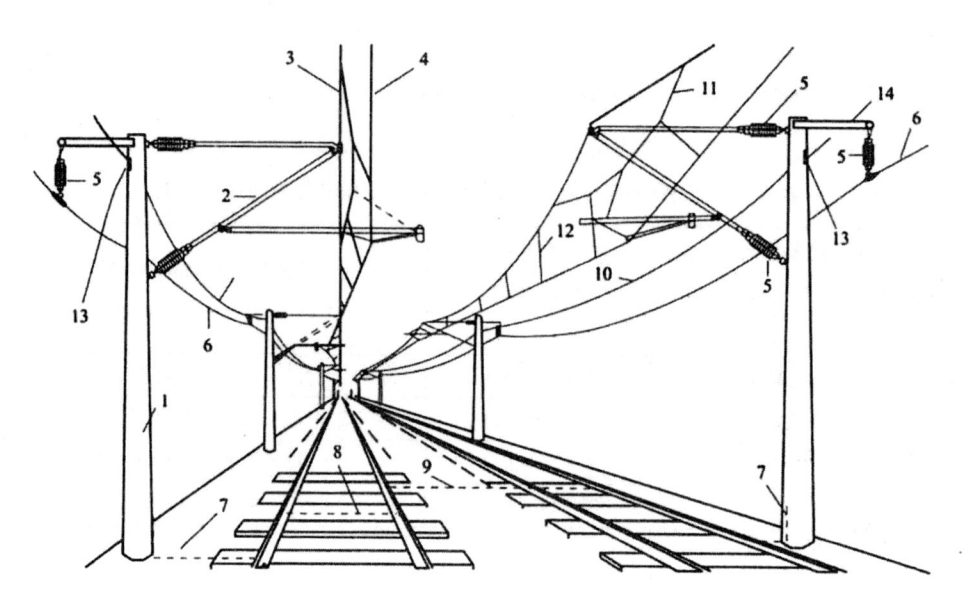

1—支柱；2—腕臂；3—承力索；4—接触线；5—绝缘子；6—牵引供电线；7—立柱接地；
8—钢轨连接线；9—轨道连接线；10—回流线；11—Y形辅助线；12—吊弦；
13—回流线与立柱钢筋的连接；14—横梁

图 4-12　采用混凝土杆的架空接触网单柱安装

当供电线路被其他线路或建筑物阻挡时，则只能被迫采用电缆方式通过，这时需采用电缆终端接头作为架空供电线到电缆的过渡转换。需设置过压保护放电器以保护电缆免遭不允许的过电压损害。再比如在电缆槽中或保护管内铺设电缆时，应注意遵循相关标准要求的多根电缆时在承载荷载方面的受力限制要求和所允许的最小弯曲半径要求。在对单芯电缆采用保护管防护的方式时应注意不得产生电磁涡流效应。

第五节 架空接触网的典型结构及其型式

一、几种架空接触网的典型结构

图 4-12 表示的是架空接触网单柱安装的典型结构,这种结构方式不仅是各种电压等级的干线铁路,特别是高速铁路,而且也是近郊短途铁路中优先采用的形式。这种单立柱结构形式不存在像软横跨那样的链形悬挂之间的机械耦合(相互影响)。

与单立柱形式相比,软横跨结构是另一种结构方案(图 4-13)。此外还有硬横跨结构形式,这种横跨多股道的腕臂安装方式同样不存在各支链形悬挂之间的机械耦合影响。

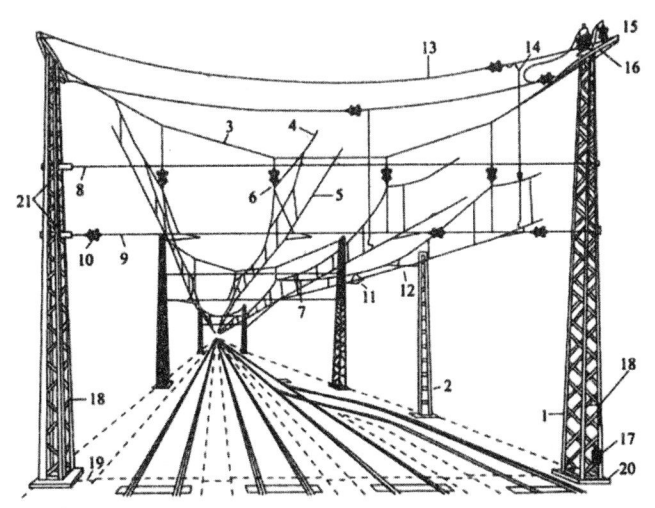

1—格构式钢柱;2—扁平式格构钢柱;3—横承力索;4—承力索;5—接触线;
6—软横跨悬挂点;7—电连接线;8—上部定位绳;9—下部定位绳;10—绝缘子;
11—分段绝缘器;12—曲外定位装置;13—开关上网电连接横向跨越线;
14—开关上网电连接垂向跳线;15—隔离开关;16—开关与跳线托架;
17—电动隔离开关驱动机构;18—支柱号码牌;19—立柱接地;
20—立柱基础;21—定位绳张力弹簧补偿器

图 4-13 软横跨结构

图 4-14 表示的是纵向分布的链形悬挂结构。纵向的悬挂分成各个在终端锚固或端部设有下锚补偿装置的锚段关节，下锚补偿装置可使接触线和承力索的张力即使在温度变化时也几乎保持恒定。每个锚段的中间位置设置有中心锚结用来纵向固定链形悬挂。每两个相邻的纵向链形悬挂之间有一段重叠的过渡区，亦被称为锚段关节下锚转换区或平行区，这种两支链形悬挂平行设置的过渡区结构方式可使列车通过时取流不中断。链形悬挂结构必须满足静态、动态、热和电气特性的要求。

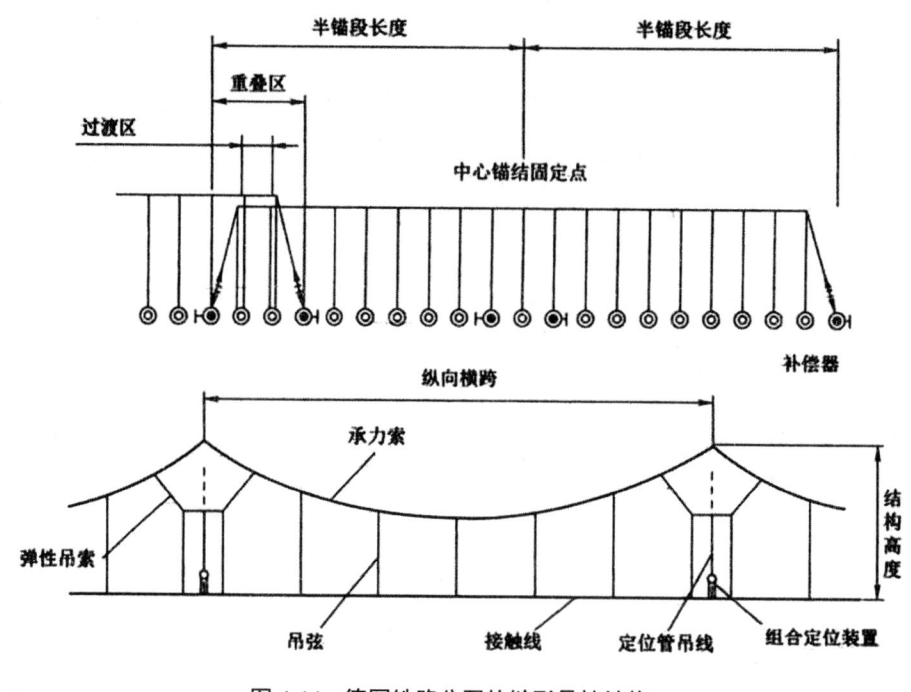

图 4-14 德国铁路公司的链形悬挂结构

二、架空接触网的结构型式

表 4-3 给出了典型架空接触网结构型式的应用情况。架空接触网结构可根据适用于不同应用条件的部件构成形式划分为几种类型。

表 4-4 给出了德国铁路公司由承力索和接触线组合而成的架空接触网在接触线磨耗 20%时的持续承载流量数据。对于直流架空接触网，（接触线）磨耗 40%时的载流量数据见表 4-5。对于不同的链形悬挂，采用加强线会有不同的承载能力（改善效果），

这是因为加强线的阻抗以及导体间的电感耦合情况不同造成加强线和链形悬挂之间的电流分布不同。

表4-3 架空接触网结构型式

序号	结构型式	特点	用途
1	无承力索的简单悬挂架空接触网 （1）无补偿下锚 （2）有补偿下锚	电流承载能力小； 中心接触线高度随温度而变化，跨距约40 m； 接触线高度几乎恒定，跨距约60 m	适用小电流负荷的有轨电车线路和干线铁路的支线； （1）适用速度最高60 km/h的线路； （2）适用速度最高100 km/h
2	无补偿简单链形悬挂	接触线高度随温度而变化，跨距限制在约40 m，可通过选择接触线和承力索的截面来匹配电流承载能力，在曲线上可采用接触线定位装置	适用有轨电车和无轨电车线路，具有更高的电流负荷能力且采用曲臂式受电弓，最高速度可达100 km/h
3	悬挂点无弹性吊索的链形悬挂接触网（全补偿简单链形悬挂） （1）接触线有补偿下锚但承力索无补偿下锚的半补偿下锚时 （2）接触线和承力索全补偿下锚时	可通过选择接触线和承力索的截面来匹配电流承载能力； 跨中接触线高度变化取决于温度变化，跨距可达80 m，弹性在跨中和悬挂点之间有较大的差别； 接触线高度取决于温度变化，弹性在跨度中间和悬挂点之间有较大的差别	适用较大电流负荷的有轨电车线路： （1）适用最高速度120 km/h的铁路干线； （2）适用最高速度300 km/h的铁路干线，在直流制式时常采用两根平行设置的双接触线方式
4	悬挂点带弹性吊索的链形悬挂接触网（全补偿弹性链形悬挂），接触线和承力索分开独立下锚补偿	同上栏第（2）种情况，但跨中和悬挂点之间弹性差异较小	适用较大电流负荷和最高速度达350 km/h的铁路干线
5	带有（贯通）辅助承力索的复链形悬挂架空接触网，全补偿下锚	同上栏第（3）种情况，但电流承载能力更高，弹性更均匀	适用非常高电流负荷和最高速度等级的铁路干线

表 4-4　环境温度为 $-30\ ℃ \leqslant u \leqslant +40\ ℃$ 时的交流 16.7 Hz 架空接触网持续载流承载量

结构型式	承力索/接触线/加强线（mm²）	允许的接触线最高工作温度（℃）	在下列接触线磨耗程度时的持续载流承载量 [2]（A） 0%	10%	20%
Re100～Re200	Bz50/AC-100[1]/无	70	586	568	550
Re100～Re200	Bz50/AC-100/240-Al1	70	1 145	1 135	1 130
Re250	Bz50/AC-100/240-Al1	80	698	677	658
Re250	Bz70/CuAgAC-120/240-Al1	80	1 258	1 240	1 226
Re330	Bz120/CuMgAC-120/240-Al1	80	1 512	1 486	1 456

注：1. 截面面积为 100 mm² 铜接触线，规格按欧洲标准 EN 50149。

2. 主要数据基于如下条件：复线线路的其中一股道，最大环境温度 40 ℃，无日照，风速 1 m/s（自然散热）。

表 4-5　环境温度为 $-30\ ℃ \leqslant u \leqslant +35\ ℃（40\ ℃）$ 时直流架空接触网的持续载流承载能力

承力索（mm²）	接触线（mm²）	允许的接触线最高工作温度（℃）	温度范围（K）	持续载流 [1] 承载能力（A）
70E-Cu	CuAg-Ac120	100（80）	130（110）	750（790）
95E-Cu	CuAg-Ac120	100（80）	130（110）	863（909）
120E-Cu	CuAg-Ac120	100（80）	130（110）	903（950）
150E-Cu	CuAg-Ac120	100（80）	130（110）	951（999）
150E-Cu	CuAg-Ac120	100（80）	130（110）	1 531（1 608）

注：1. 主要数据基于如下条件：复线线路的其中一股道，最大环境温度 35（40）℃，无日照，风速 1 m/s（自然散热），接触线磨损 40%。

在直流制的近郊短途铁路线上，部分允许接触线最高工作温度达 100 ℃。出于经济原因，设计选用的接触线和承力索的截面都应尽可能小，以满足最低成本要求。牵引供电系统、列车运行图计划和线路平纵断面决定了需流经架空接触网电流的大小。接触网导体截面的设计可以据此进行，必要时还可考虑加强线。链形悬挂的接触网设计出发点是采用尽可能大的跨距，以充分发挥大张力导线和宽型受电弓的作用。根据受电弓的有效宽度、悬挂点处的接触线拉出值和（导线的）风致偏移量确定允许跨距。较小的线路曲线半径导致允许跨距减小。

图 4-15 给出了一些与曲线半径有关的欧洲铁路接触网跨距。在法国国家铁路、比利时国家铁路、葡萄牙国家铁路和挪威干线铁路上，受电弓有效宽度较小导致接触网的跨距较小。德国铁路和俄罗斯铁路分别采用了 1.45 m 和 1.40 m 的受电弓有效宽度，从而能够实现较大的接触网跨距，这样就降低了基建投资和维修成本。而采用只有 1 600 mm 总宽度的欧洲制受电弓滑板就失去了这种成本方面的优势。

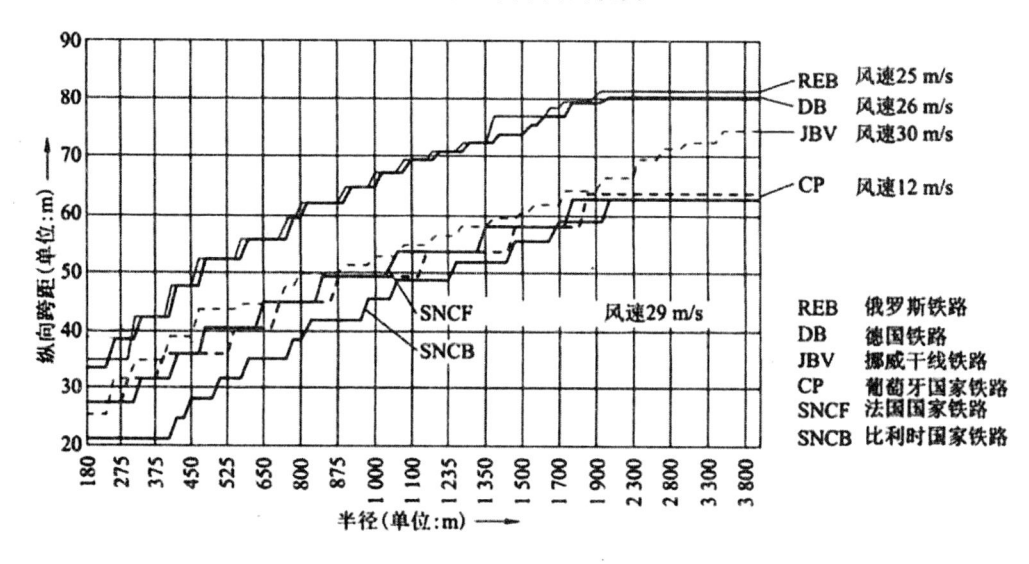

图 4-15　欧洲铁路的接触网跨距

吊弦的作用是在机械受力上连接接触线和承力索，为此应保证最短的吊弦长度。长度小于 0.5 m 的吊弦在高速运行的情况下呈现刚性并且由于其电阻较小而（同时）承载强电气负荷。对于适用速度超过 120 km/h 的架空接触网，系统结构高度即接触线和承力索之间的距离，应足够大以保证即使在跨距中间也可以装得下长度大于 0.5 m 的吊弦。如果做不到则会采用短一些的吊弦甚至采用滑动吊弦，这时的接触线和承力索间耦合连接刚性较大，会把接触线的抬升力无弹性地传导到承力索上，相应地在弓网接触压力变化过程中产生明显的峰值力。

第五章　牵引供电远动技术

第一节　概述

一、远动技术的概念

随着我国铁路事业的发展，电气化铁路在整个铁路网中所占的比例越来越大。我国现有电气化铁路一万多千米，并以每年新增 500～800 km 的速度发展。电气化铁路的牵引供电系统有其特殊性，各个牵引变电站（所）在铁路沿线分布，彼此之间的距离长达数十千米，不易集中控制，并且接触网设备属露天设备，无备用，运行条件恶劣，事故频发，"天窗"时间短。随着列车运行速度的不断提高，留作接触网停电检修的时间越来越短。

在电气化铁路运行初期，牵引供电系统是靠电力调度所通过电话来进行调度的。这时，一个信息的上报、计划、下达命令到确认、执行、消令，往往需要数十分钟。这样根本不能保证牵引供电系统的高质量运行，因此迫切需要形成这样一个格局：一个电力调度中心统一指挥、集中监视控制各个牵引变电站（所）。

在电气化铁道牵引供电系统中应用远动技术后，设立在中心城市的电力调度所即可通过远动系统完成对铁路沿线数百千米（甚至上千千米）范围内的各个牵引变电站（所）信息交互与传输，实现对牵引变电站（所）中电气设备的运行状态进行实时控制与监视，其示意图如图 5-1 所示。一方面，根据调度工作的需要，牵引变电站（所）将断路器等电气设备的位置信号、事故信号及主要运行参数等信息迅速、正确、可靠地反映给调度所；另一方面，调度所在了解到各被控对象的电气设备运行情况并进行判断处理后，即可对牵引变电站（所）下达命令，直接操作某些设备（对象），完成实时控制的任务。

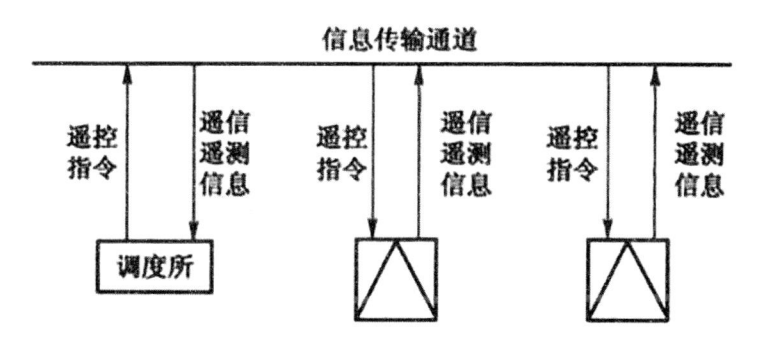

图 5-1 电气化铁道远动系统示意图

一般来讲，远动系统应该具备遥控、遥测、遥信和遥调方面的"四遥"功能，这样远动技术也可定义为：一种实现对远距离生产过程或设备进行控制、测量与监视的综合技术，即调度所与各被控对象之间实现遥控、遥测、遥信和遥调技术的总称。

二、遥控、遥测、遥信和遥调的定义

远动系统中的遥控、遥测、遥信和遥调的"四遥"功能有其特定的范围和含义，一般情况下，其功能定义如下。

（一）遥控（YK）

遥控是指从调度端向远距离的被控对象发送位置状态变更的操作命令，实现远距离控制操作。在远动技术的应用中，这种命令只取有限个离散值，通常较多情况下只取两种状态指令，例如电力系统中各个变电站（所）中的开关电气设备的"合闸""分闸"指令，某个物体位置的"升位""降位"指令，某个机械设备上电磁阀门的"开启""关闭"指令，等等。

（二）遥测（YC）

遥测是指从调度端对远距离的牵引变电站（所）被测对象的某些参数进行测量，被控对象实时将工作运行参数传送给调度端。例如电气化铁道牵引变电站（所）中的馈线负载电流、母线的工作电压、系统的有功功率和无功功率等电气参数及接触网故障点位置等非电气参数。

牵引供电系统的主要遥测对象有进线电压、进线电流、主变功率、27.5 kV 母线电压、主变压器一次侧有功电度、无功电度、馈线电流、馈线故障点参数（馈线号、阻抗值、公里标）和电容补偿装置电流。

（三）遥信（YX）

遥信是指从调度端对远距离的被控对象的工作状态信号进行监视，被控对象实时将设备状态信号传送给调度端，例如在电力系统中，变电站（所）的开关电气设备所处的"分闸"或"合闸"位置信号、设备运行的报警信号或继电保护装置的动作信号等。

遥信可分为以下几大类：

（1）位置遥信——开关对象的状态信号。

（2）非位置遥信——除开关对象位置信号外的其他故障状态信息。如预告遥信（指轻故障信号）和事故遥信（指事故信号）。

（3）软遥信——非常规节点遥信，由变电站（所）综合自动化系统软件判定后给出。牵引供电系统涉及的遥信量包括遥控对象位置信号、中央信号（包括事故总信号、预告总信号、自动装置动作、控制回路断线、控制方式、所内监视、交流回路故障、直流电源故障、压互回路断线等）、进线有压/失压、自投投入/撤除信号、牵引变压器的各类故障信号（含保护动作信号）、电容补偿装置的各类故障信号（含保护动作信号）、动力变压器的各类故障信号（含保护动作信号）、馈电线的各类故障信号（含保护动作信号）、各开关操作机构的工作状态信号、远动装置、远动通道运行状态。

（四）遥调（YT）

遥调是指从调度端对远距离的被控对象的工作状态或参数进行调整，例如调节牵引变电站（所）变压器的二次输出电压，或调节某一设备中驱动电动机的转速，或调节主变压器的输出电压。

目前，我国电气化铁道牵引供电系统中需要进行设备工作状态或参数调整的对象不多，所以其远动系统一般主要要求具备遥控、遥测、遥信功能。

实际上，以上四种功能不是各自独立的，而是相辅相成的。遥信和遥测信息是遥控和遥调的依据，而遥控和遥调又需要遥信和遥测信息来检查和证实。这样就决定了远动技术具有"实时性"的特征。

所谓"实时性",针对牵引供电系统来讲,就是指开关变化信息、状态信息,以及电气量的变化信息必须及时反馈到调度所;而调度所的控制、调整命令必须及时下达到被控对象。这是因为电力系统运行的变化过程十分短暂,迟到的信息,其价值迅速降低,有时甚至完全失去意义。

采用远动技术进行监视、控制,其优越性表现为:一是集中监视,提高安全经济运行水平,在正常状态下实现系统的合理运行,在发生事故时能及时了解事故的情况,加快事故处理进度。二是集中控制,提高劳动生产率,实现无人化或少人化,并提高运行操作质量,改善运行人员的劳动条件。三是经济效益显著,减少运行维修费用。

电气化铁道供电系统采用远动技术,其可靠性和经济性是十分明显的。现有电气化铁路使用远动装置的,已经超过 4 000 km。目前我国的铁路教学、科研部门在远动技术方面的研究和应用已经成熟。

三、远动技术的发展及其在国内的应用

(一)远动技术的发展

远动技术出现于 19 世纪,人们在劳动生产过程中要远离危险物体,但又需要对危险物体实施操作,因此出现了用遥控的方式点燃爆炸物等行为,这就是早期运用远动技术的例子。

远动技术的发展集中在 20 世纪。自 20 世纪 30 年代开始,随着社会生产力的发展,远动技术被应用于电力、铁路运输、军事、矿山和化工生产过程中,这一时期的远动技术侧重于遥控、遥测技术的发展,用于实现对远程物体的控制和参数测量。

到 20 世纪 50 年代后,科学技术得到飞速发展,人们的活动领域不断扩大,如宇航、卫星、原子能发电、深海作业等,远动技术也就被更广泛地应用于气象、航空航天、机器人、核能工业、海洋作业、环境保护等领域。而且,在这一时期,计算机及计算机网络技术、微电子技术、控制技术和通信技术得到迅速发展及应用,使远动技术得到革命性的改革与创新,出现了计算机远动技术。

从远动技术的装备角度来看,远动系统前后经历了继电器、晶体管(分立元件)、集成电路和计算机远动系统等四个阶段,远动系统也因此被称为第一代、第二代、第三

代和第四代远动系统。第一代、第二代、第三代远动系统统称为布线逻辑式远动系统，第四代即为计算机远动系统。目前，电气化铁道远动系统均为计算机远动系统。

电气化铁道远动技术的发展趋势集中在计算机高可用性技术的应用、基于 IEC 61970 系列标准的数据结构和数据交换的应用、远动系统专用 Internet 网络的使用等方面，即电气化铁道远动技术迎来了网络化时代。由于它简单可靠并且充分利用了广域网技术，因此发展潜力巨大。

（二）远动技术在国内的应用

我国电力系统由东北、华北、华东、华中、华南、西北、山东七个大电网组成，国家电力管理调度体系分为国家级总调度、大电网级调度、省级电网调度、地区电网调度和县级电网调度等五级。庞大的电网区域与复杂的管理体系，必须依靠现代化的管理手段进行管理，才能实现电力系统的安全、优质和经济运行。

我国电网调度自动化的研制工作开始于 20 世纪 50 年代，实际应用开始于 20 世纪 70 年代中期。1978 年我国第一套电网在线监控与调度系统在京津唐电网投入运行；1985 年后，能源管理/安全监控与数据采集系统陆续在华北、华中、东北、华南四大电网投入建设并运行。到目前为止，我国电网调度自动化有了较大的发展，基本实现了五级调度自动化。

我国电气化铁道牵引供电远动系统自 20 世纪 60 年代开始研制，20 世纪 80 年代开始得到广泛应用。20 世纪六七十年代，铁道科学院（中国铁道科学研究院集团有限公司）与唐山铁道学院（今西南交通大学）联合研制的第一套晶体管元件布线逻辑式远动装置在宝鸡到凤州铁路的 3 个牵引变电站（所）、2 个分区亭（所）进行了试运行；20 世纪 70 年代末，第一套晶体管问答式通信方式远动装置在西安铁路局宝鸡开闭所投入运行；20 世纪 80 年代开始，随着我国电气化铁道建设的快速发展，计算机远动装置被大量采用，先后在京秦线、陇海线、京广线、兰武线、贵昆线、成渝线、宝中线、西康线等投入运行。

目前，我国电气化铁道远动系统的计数装备已经达到较为先进的水平，许昌继电器集团有限公司、西南交通大学等单位形成了集电气化铁道远动技术研究、开发、生产、服务于一体的技术团队。

四、牵引供电系统应用远动技术的意义

远动系统在电气化铁道供电系统中的应用,其主要目标是完成牵引供电系统的运行与调度管理工作。实现电气化铁道供电系统远动化具有以下实际的意义:

(1) 实现对铁路沿线供电设备的集中监视。

(2) 实现对铁路沿线设备的集中控制,提高劳动生产率。调度人员可以借助远动装置进行遥控或遥调,在牵引变电站(所)、分区亭(所)、开闭所实现无人化或少人化值班,并提高运行操作质量。

(3) 实现对牵引供电系统的统一调度,提高系统运行管理水平,从而保证供电质量,提高供电可靠性。

(4) 建立一个良好的通信网络平台,实现牵引变电站(所)综合自动化技术的运用。目前,变电站(所)综合自动化技术得到飞速发展,除提高设备运行自动化外,同时提高了防火、防盗等安全防护功能。

第二节 远动系统的基本构成与分类

一、远动系统的基本构成

远动系统的基本作用就是实现调度端对执行端设备的监视与控制操作,所以远动系统的组成应包括调度端(或控制端)、通信信道和执行端(或被控端)三部分,如图5-2 所示。

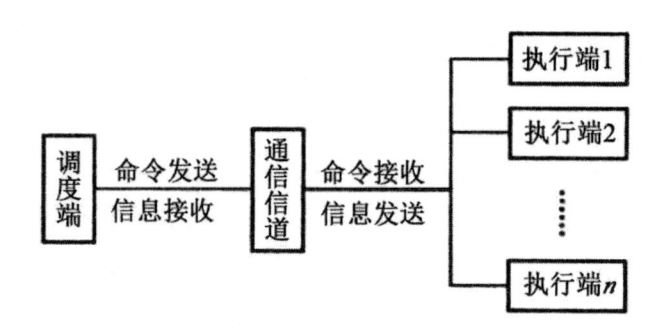

图 5-2 远动系统的组成示意图

远动系统的调度端设备即命令的产生部分，执行端设备即命令的接收部分，而命令的传送部分则为远动系统的通信信道。

由于距离较远，加上通信信道的存在，因此远动系统易受外来的干扰，为此要采取一系列的措施来保证系统的正常运行。图 5-3 所示为远动系统的原理框图。

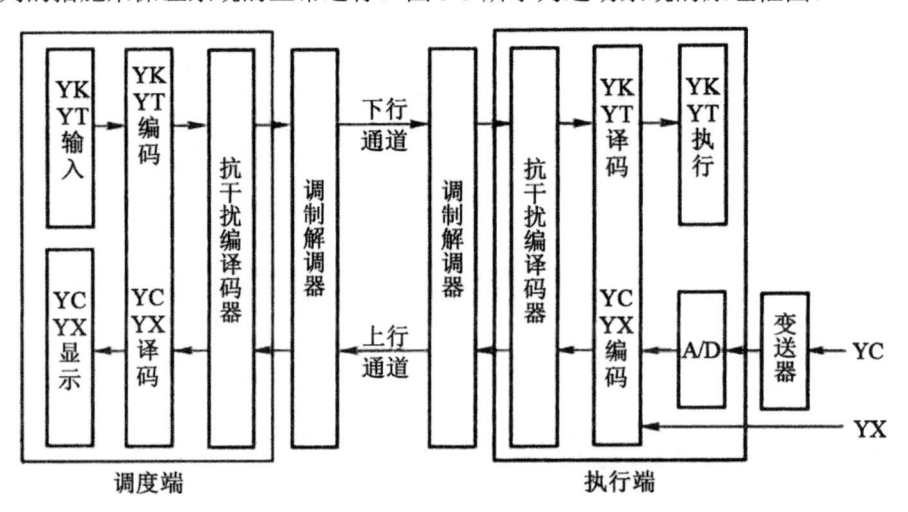

图 5-3 远动系统的原理框图

（一）调度端

1.调度端的基本结构

调度端是计算机远动系统乃至牵引供电系统的调度指挥中心，其配备的调度管理自动化系统为实现牵引供电系统的调度管理目标提供了强有力的技术支持。调度端的基本结构包括主机服务器、调度员操作工作站、数据维护工作站、通信前置处理机、打印设

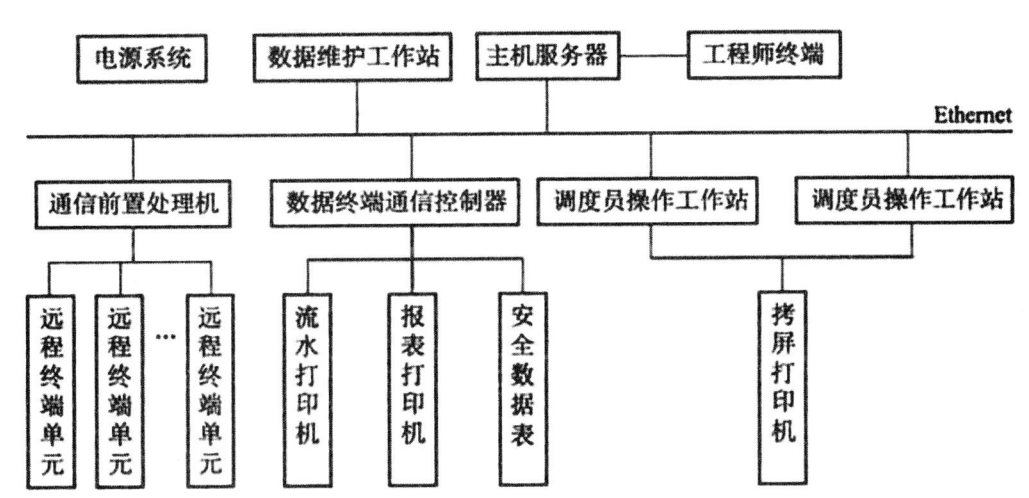

备、模拟屏、数据终端通信控制器、工程师终端和电源系统等，如图 5-4 所示。

图 5-4 调度端基本结构示意图

（1）主机服务器（MC）。主机服务器主要用于数据和网络服务，定时任务管理，一般应用双机冗余配置，以提高设备运行的可靠性。冗余的设备可有冷备用和热备用两种备用工作方式。所谓冷备用，是指作为备用的服务器设备不运行指定的应用软件或干脆关电待命，待主服务器设备故障或根据需要切换时再投入运行；所谓热备用，是指作为备用的服务器设备运行指定的应用软件监视主服务器设备，一旦发现主服务器设备故障，即自动接替主服务器设备工作，或收到双机切换命令后自动切换为主服务器设备工作方式，原主服务器设备切换为备用服务器工作方式，或退出运行。

（2）调度员操作工作站（OW）。调度员操作工作站主要用于操作人员实施调度作业，一般以人机界面对话的方式进行，操作直观、方便、可靠，易实现调度意图和效果。

（3）数据维护工作站（DW）。数据维护工作站主要用于实现远动系统基础数据库（静态数据库）的人机接口，操作直观、方便，易实现数据的生成与管理，并监视调度端系统设备状态。

（4）通信前置处理机（CC）。通信前置处理机主要用于将调度端设备与远动通道线路连接，是调度端与执行端的信息纽带。远动系统一般配备两套通信前置处理机，互为备用，以提高运行的可靠性。

（5）打印设备。调度端一般配有流水打印机（LP）、报表打印机（RP）、拷屏打印机（CP）等打印设备，用于数据及相关信息资料（如事故记录、操作记录）的打印。

（6）模拟屏（MNP）。模拟屏主要用于显示供电系统中各个执行端所有被控对象设备（断路器、隔离开关等）的接线电路、运行状态、运行参数及时钟、安全运行天数等，配备灯光、音响警告装置，对值班工作人员处理远动信息具有非常实际的意义。

（7）数据终端通信控制器（DTC）。数据终端通信控制器主要用于实现打印设备、模拟屏等设备与主机服务器的网络连接，一般采用串口通信方式进行。

（8）工程师终端（ET）。工程师终端是主机系统的一部分，用于主机应用软件的开发。在主机系统运行过程中，开发人员或维护人员可通过工程师终端命令观察运行进度、通信数据、部分处理结果提示及一些异常信息提示。

（9）电源系统（UPS）。电源系统主要用于为调度端所有设备提供不间断的工作电源。以现代计算机网络通信技术为基础的调度端调度管理自动化系统以主机服务器为核心，通过以太网与调度员操作工作站、数据维护工作站、通信前置处理机、数据终端通信控制器等设备进行数据交换，并对各设备的工作状态进行监视管理；流水打印机、报表打印机、模拟屏等慢速设备与数据终端通信控制器进行串口通信，由数据终端通信控制器统一管理，通过数据终端通信控制器上网与主机服务器互联；调度员操作工作站通过打印共享器共享拷屏打印机资源。

主机服务器、数据维护工作站、调度员操作工作站、通信前置处理机配以相应操作系统（如主机的 UNIX 操作系统、工作站及通信机的 Windows NT 系统等）及监控应用软件，充分利用外围设备及数据资源，实现遥控、遥信、遥测、遥调"四遥"功能及数据报表统计、事故记录分析等调度自动化管理功能。

计算机远动调度端数据源于调度台调度员的操作命令及被控站（RTU）采集到的被控对象的有关数据上送信息。调度员的远动操作命令亦称下行命令，被控站采集到的上送有效信息亦称上行信息。整个调度端主机系统围绕下行命令和上行信息展开处理工作。操作工作站作为主要的人机交互界面，接受和初步处理调度操作命令，是下行命令的第一受理者；通信前置处理机通过远动通道查询、获取被控站的有关信息，预处理后通过网络传送给主机处理，因此可以说通信机是上行信息的第一接待站。同时，也可以形象地说，通信机也是下行命令的出口，操作工作站又是上行信息的终点站。下行命令和上行信息的处理流程如图 5-5 所示。

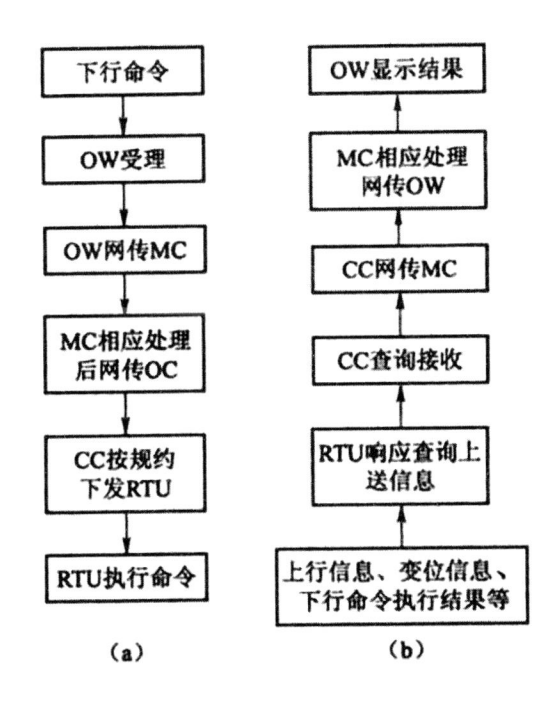

图 5-5 下行命令和上行信息的处理流程图

2. 调度端的功能

计算机远动系统的多功能化、智能化发展方向，除需要计算机及网络技术的支持外，其各项功能的实现主要依靠软件支持。计算机远动系统调度端的主要功能如下：

（1）数据收集功能。调度端收集各执行端 RTU 发送来的数据，如模拟量、数字量、状态量、脉冲量。

（2）数据处理功能。在调度端上对各执行端 RTU 送来的数据进行处理、运算、判断，如有功功率、无功功率、电量累加、越限报警、连续模拟量输出记录（如电压曲线、负荷曲线）等。

（3）控制与调节功能。通过人机对话界面，生成并下发命令到各个 RTU，实现对被控对象（如断路器、隔离开关等）的遥控操作、系统接地故障查找、开关事故变位、事故画面优先显示、声光报警、SOE、事故追忆、调节功率因数等功能。

（4）人机对话功能。在调度端收集、整理与处理 RTU 上送数据；显示变电站（所）实时电气主接线图、实时数据、负荷曲线、电压棒形图、电流棒形图；实现数据库实时修改，图形报表修改；发送遥控、遥测命令及校对命令；完成制表打印，定点打印供电系统负荷、电能、运行报表、召唤记录、操作报表、异常及事故等方面的资料。

随着电气化铁道牵引变电站（所）综合自动化技术的发展和应用，计算机远动调度端的功能也越来越强大。它不仅能够获得更多的信息，准确掌握供电系统的运行状况，而且能不断提高供电系统的可控性，从而逐步实现牵引变电站（所）无人值班。

（二）通信信道

远动系统中信道的主要功能是承担调度端与执行端之间的信息数据、命令的传输。通常，从调度端向执行端发送的数据称为"下行"数据；反之从执行端向调度端发送的数据称为"上行"数据。

从结构上讲，远动系统与一般自动化系统之间最大的区别就在于信道的存在。远动系统由于调度端与执行端之间距离较远，信道存在易受外来干扰的弱点，从而降低了命令的准确性和整个系统的可靠性。当所需传送的命令越多，系统越复杂时，信道的结构也就越复杂，这个弱点也就越突出，并且信道的成本也越高。因此，需要有一系列的措施来保证系统正常、可靠和经济地运行。一般情况下，远动系统会采用将被传达的命令转换成适合在信道中传送的信息形式的技术对信息进行传输，如模拟信号数字化技术、纠错编码技术、数字加密技术、基带传输技术、同步技术等。这种形式往往与一般自动化系统中命令的形式有很大的区别，因此远动系统中就需要一些特殊的转换设备来转换命令。例如，设在调度中心的调度端要将遥控、遥调命令送到执行端去执行时，首先要将遥控或遥调命令经抗干扰编码编成数字信号，以防止信号在传输过程中受到各种干扰而出现差错。其次，除光纤数据传输外，如果利用电话线路作为信号传输的通道，由于数字脉冲信号易受到线路电感、电容的影响而使脉冲信号产生很大的衰减和变形，所以要用通信设备部分的调制器把数字脉冲信号变成适合传输的信号，如变成正弦信号传输，则执行端通信设备要用解调器把正弦信号还原成原来的数字信号，再经抗干扰译码进行检错，检查出错误的码组就拒绝执行，正确时则遥控、遥调译码后分别执行。

在电气化铁道供电远动系统中，由于系统分布距离远而使通信部分的投资费用增加，而控制端与执行端之间需要传送的信息又较多，为了使同一信道传送更多的信息，充分发挥信道的作用，就需要在信息传输中采用信道多次复用的办法。目前有两种制式，即频分制和时分制。在频分制中，各种远动信号是用不同频率的信号来传送的，例如用频率 f_1, f_2, $\cdots$, f_n 分别代表 n 种不同的信号，这些信号可以在同一信道中同时传送；而且，为了使传送的各种远动信号互不干扰，在发送端和接收端都设有通道频率滤波器。

在时分制中，待传的远动信号是按规定的时间先后顺序，依次在信道中逐个传送的，如有几个断路器位置状态信号需要传送，可以先送第一个断路器位置状态信号，再依次送第二个、第三个等。

（三）执行端

执行端是电气化铁道计算机远动系统的重要组成部分，主要负责对牵引供电系统的数据采集和操作命令的执行。执行端远动设备装设于铁路沿线牵引变电站（所）、分区亭（所）或开闭所内。

1.执行端的基本结构

远动系统执行端的主要设备包括 RTU 设备、CTR（阴极射线管）显示器、打印机等。

RTU 设备是执行端的核心设备，从外观上看，主要包括控制柜、变送器柜和连接电缆三大部分。控制柜和变送器柜采用直立式结构、钢柜架、双开门且具有足够的机械强度确保设备安装后无晃动、盘架无变形，同时可装备检测照明灯。柜内端子排的设计应确保运行、检修、调试方便，与电缆连接可靠。

RTU 设备的内部硬件主要以工业控制计算机为核心，配备数据存储器及各种接口电路。其基本结构主要包括以下几部分。

（1）控制处理子系统。RTU 中的计算机一般采用字长不低于 16 位的工业控制用微处理器，并配有足够的内存容量及实时数据采集、管理软件和相应的数据库，以实现对各 I/O 模块的实时管理及数据处理。

（2）遥控输出子系统。遥控输出子系统接收调度端送来的遥控命令信息，并通过遥控出口继电器执行，直接与执行端被控对象的配电盘接口；输出接口界面采取光电隔离措施，并对遥控输出接口进行监测。

（3）遥信输入子系统。遥信输入子系统通过信息采集接口电路与配电盘直接接口，采集来自现场被控对象的实时状态信息，包括位置遥信和非位置遥信；遥信输入采用无源接点方式，输入接口界面采取光电隔离措施防止被控对象接点抖动的干扰。

（4）模拟量输入接口。模拟量输入接口用于实现遥测数据信息的采集，接收来自模拟量变送器设备的信息，核心设备 A/D 转换板可采用智能板；模拟量输入可采用电流型或电压型，输入接口界面采取一定的抗干扰及隔离措施。

（5）电度量输入接口。电度量输入接口接收来自电度量变送器设备的信息，用于电度测量，输入接口界面也要采取一定的抗干扰及隔离措施。

（6）故障点参数接口。故障点参数接口接收来自接触网故障点标定设备（故测仪）的信息，以及向该设备传送有关控制信息；接口方式一般采用 RS-232 串行接口或并行数据接口。

（7）通信接口子系统。通信接口子系统采用冗余结构双重接口配置方式，采取抗干扰编码等措施确保可靠通信，主要用于完成远动数据的发送和接收。

（8）电源子系统。电源子系统为 RTU 内各模块及 RTU 附属设备提供不间断的工作电源；一般可接入交流电或直流电两种外部电源，对设备进行过电压保护，确保 RTU 设备的安全。

2.执行端的功能

远动系统执行端的主要功能体现在其核心设备 RTU 上，RTU 以微计算机为核心，配合各种功能性接口电路，用来完成遥控接收、输出，执行遥测、遥信量的数据采集及发送的功能。其主要功能有以下几个方面。

（1）状态量信息采集功能。通过遥信输入子系统的接口电路，把变电站（所）中被控对象（如断路器、隔离开关等）的状态转变为二进制数据，存储在计算机的某个内存区。

（2）模拟量测量值采集功能。通过模拟量输入接口、电度量输入接口把变电站（所）的一些电流量、电压、功率等模拟量，经互感器、变送器、A/D 转换器变成二进制数据，存储在计算机的某个内存区。

（3）与调度端通信的功能。RTU 把采集到的各种数据组成一帧一帧的报文通过信道送往调度端，同时可以接收调度端送来的命令报文。RTU 与调度端的通信规约一般有应答式、循环式、对等式等，每个 RTU 必须具有其中的一种。同时，RTU 应具备通信速率的选择功能，还应有支持光端机、微波、无线电台等信道通信转换功能。通信中有一个重要的工作就是对发送的数据进行抗干扰编码。对接收到的数据则要进行抗干扰译码，如果发现有误则不执行命令。

（4）被测量越死区传达功能。所谓被测量越死区传达，就是指 RTU 自动将每次采集到的模拟量与上一次采集到的模拟量旧值进行比较，若差值超过一定限度（死区）则将新数据送往调度端，否则认为采集数据无变化，不传送新数据信息。RTU 的这种功能可以大大地减少数据信息的传输量，减轻远动通信信道的负担。

（5）事件顺序记录功能。事件顺序记录（SOE）是指对某个开关（被控对象）状态发生变位的开关设备编号、位置状态、变位时间等进行实时记录。SOE 有助于调度人员及时掌握被控对象发生事故时各开关和保护动作的状况及动作时间，以区分事件顺序，制定出运行对策以及进行事故分析。

时间分辨率是 SOE 的重要指标。在 SOE 中，时间分辨率是指顺序发生多个事件后，两个事件之间能够辨认的最小时间，一般分为 RTU 内与 RTU 之间两种。

①RTU 内的时间分辨率。RTU 内的时间分辨率是指同一 RTU 内，顺序发生多个事件后，两个事件之间能够辨认的最小时间。在计算机远动（调度自动化）系统中，SOE 的 RTU 内的时间分辨率一般要求小于 5 ms，其大小由 RTU 的时钟精度及获取事件的方法决定。

②RTU 之间的时间分辨率。SOE 的 RTU 之间的时间分辨率，即站间分辨率，是指各个 RTU 之间顺序发生多个事件后，两个事件之间能够辨认的最小时间，它取决于远动系统时钟的误差、通道通信延时的误差和主机系统的处理延时等。SOE 的 RTU 之间的时间分辨率一般要求小于 10 ms。RTU 之间的时间分辨率是整个远动系统的一项重要的性能指标。

（6）遥控命令执行功能。RTU 具有接收调度端遥控命令、校对命令信息、进行遥控操作的功能。遥控命令的执行是通过遥控输出子系统的接口电路来完成的，可以对变电站（所）中的单个或多个断路器、隔离开关进行"合闸"或"分闸"操作。

（7）系统对时功能。由于 SOE 的 RTU 之间的时间分辨率是一项重要的性能指标，因此它严格要求各 RTU 的时钟与调度端主机服务器的时钟严格同步，这就要求执行端具备系统对时功能。

要实现系统对时功能，一般采用以下两种时钟同步措施。

①采用全球定位系统（GPS）。在远动系统的调度端与执行端设备的安装所在地配备 GPS 接收机、天线、放大器等 GPS 信号装置，并通过接口与主机服务器、RTU 相连，利用 GPS 提供的时间频率进行同步对时。这种对时方法精确度高，SOE 的 RTU 之间的时间分辨率指标有保障，但设备投入费用会增加。

②采用系统自带软件对时。一般来说，通信中的 CDT、DNP、Modbus 等规约中均提供了软件对时手段，RTU 可以利用这些通信规约的支持进行软件对时。软件对时的

方法简单、方便，不需要增加硬件设备，但由于受到通信速率的影响，对时精确度较小，需要采取修正措施。

（8）自恢复和自检测功能。RTU 作为远动系统的数据采集单元，必须保证不间断地完成与调度端的通信，但由于 RTU 安装在变电站（所）内，极易受到强大的电磁干扰，从而发生程序受干扰或通信瞬时中断等异常情况；有时，RTU 也会因工作电源瞬时掉电而造成死机，使调度端无法收到执行端的信息。因此，RTU 要具有自恢复和自检测功能，保证 RTU 在遇到上述情况时能够在最短时间内自动恢复，并重新开始运行程序。

（9）人机交互与管理功能。人机交互与管理功能包括以下两个方面。

①通过 RTU 上安装的键盘、LED（或 LCD）显示器实现人机交互，使 RTU 采集的信息在当地就可以进行浏览显示，同时还可以通过键盘操作完成输入遥测量的转换系数和修改保护整定值等管理功能。

②通过在 RTU 上外挂 CTR 显示器与打印机，可以赋予变电站（所）值班人员浏览与打印 RTU 信息的权限，提高工作效率。

二、远动系统的分类

远动系统在整体归类上一般按照信息传送方式、工作方式、所采用信道、被控对象分布形式等方面进行分类。

（一）按照远动系统信息传送方式分类

在远动系统中，各种信息、命令从一端传送到另一端去控制执行、显示或记录。目前，远动技术的信息传送方式分为两大类：循环传送方式和查询传送方式。循环传送方式是以执行端的远动装置为主，周期性地采集数据，并且周期性地以循环方式向调度端发送数据，即由执行端传送遥测、遥信量到调度端；查询传送方式是以调度端为主，由调度端发出查询命令，执行端按发来的命令工作，被查询的站向调度端传送数据或状态信息。

（二）按照远动系统工作方式分类

远动系统工作方式一般可以分为以下三类，相应的远动系统也可以分为三类。

（1）1∶1工作方式。1∶1工作方式是指在执行端装一台远动装置，在调度端对应地也装一台远动装置。

（2）1∶n工作方式。1∶n工作方式是指调度端的一台远动装置对应着执行端的n台远动装置。

（3）m∶n工作方式。m∶n工作方式是指调度端的m台装置对应执行端的n台装置。

（三）按照远动系统所采用信道分类

（1）按照信道的性质分类。远动系统按照传送信号的信道是利用有线信道还是无线信道，可分为有线远动系统和无线远动系统。无线远动系统多应用于航空航天、军事领域，而在工业、运输、电力等领域更广泛使用的是有线远动系统。

（2）按照信道的数量分类。远动系统可以按照信道的数量是随着被控对象的数量而增加还是与被控对象数量的多少无关来分类，一般可分为少信道远动系统和多信道远动系统。

（四）按照远动系统被控对象分布形式分类

远动系统根据被控对象的分布状态来分类，可分为分散型远动系统和集中型远动系统、固定目标远动系统和移动目标远动系统、链式远动系统和辐射式远动系统等。

第三节 远动系统的技术要求与性能指标

远动系统在社会生产、军事、航空航天领域中的应用已经成为日常工作的关键性要素，其系统运行的性能指标的优劣直接影响到系统应用的效率。对不同领域的远动系统来讲，其性能指标会有所不同，有一定的差异性。一般来说，任何一种远动系统在设计时，为保证系统具备良好的工作可靠性，都应该考虑以下几个方面的技术要求。

（1）系统应该具备较低的信息传输差错率。远动系统在信息传输过程中，会因为受到设备自身或外界干扰源的干扰而出现信息传输错误。信息传输过程中的这种不可靠性通常用差错率来表示，即：

$$差错率 = \frac{信息出现差错的数量}{传输信息的总数量} \times 100\% \tag{5-1}$$

信息传输中的差错率包括误比特率、误码率和误字节率，且常用误码率表示。在通常情况下，差错率要求在信噪比大于 15 dB 时，误码率小于 10^{-5}。

（2）系统应具备较稳定的硬件设备工作状态。要保证远动系统设备的工作稳定性，就必须做到其硬件设备在技术要求所规定的工作条件下，能够保证实现其技术指标的能力。远动系统的工作稳定性直接与装置本身的可靠性有关，装置设备的一次误动或是失效都有可能引起严重的后果，造成生命和财产的损失。

系统设备的可靠性一般用平均故障间隔时间，即两次偶然故障的平均间隔时间来表示。通常用可用率来表示，即：

$$可用率 = \frac{运行时间}{运行时间 + 停用时间} \times 100\% \tag{5-2}$$

要提高远动系统运行的可用率，就要注意保证做到以下几个方面：

①针对系统应用的不同领域，制定合理的设计方案，尽可能简化设备硬件，模块电路力求简单，并充分利用好软件的功能，提高系统运行的综合性能。

②远动装置由许许多多的组件构成，包括通信设备、计算机设备、检测电路模块等，只有选用高质量的硬件产品，提高产品的加工技术水平，才能保证远动装置设备自身的产品质量。

③远动装置的工程安装与调试质量也影响到设备运行工作的可靠性,要注重加强对远动系统安装施工过程的质量管理与控制,提高工程质量。

④远动系统设备工作运行的温度、湿度和卫生环境条件必须得到满足,并且远动系统必须具有可靠的工作电源。

⑤要定期对系统设备进行巡视、维护与检修,预防设备故障的出现。

目前。我国自行设计生产的远动装置一般平均故障间隔时间要求调度端达到5 000 h以上,执行端达到8 000 h以上。

(3)系统要具备一定的容量及功能,并保证信息传输的实时性。远动装置的容量是指遥控、遥测、遥信及遥调功能所实现的对象数量。远动装置在设计初期就必须考虑实际用户对系统容量的要求,同时应考虑到遥控、遥测、遥信及遥调功能的可扩展性。随着计算机及网络技术的发展,远动装置除满足实现"四遥"功能外,还要根据社会生产的需求完成生产过程中的时间记录、数据处理、信息转发、安全监视等功能。

远动系统信息的实时性是提高生产效率、加速事故处理、及时了解被控对象运行工作状态等方面情况的关键,这也是对系统最基本的要求。实时性常用信息响应时间来衡量。它是指从信息发送端发出事件信息到信息接收端正确地收到该事件信息的时间间隔。

(4)远动装置要具备较强的抗干扰能力。远动装置在运行过程中受到外界或自身设备干扰的因素很多,如雷电干扰、无线电波干扰、静电干扰、设备操作过程中的电磁干扰等。远动系统中最易受到干扰的部位是信道,而信道所受到的干扰主要是外界干扰源的干扰和在多路传输时信道间的路际干扰。信道在受到干扰后,所传输的信息就会出现错误。如图5-6所示,发送的信息$f(t)$在通过通信信道的过程中,受到干扰信息$n(t)$的侵扰,使传输的正确信息$f(t)$变化为错误信息$f(t)+n(t)$。在遥信信息中,由于错误的信息无法显示正确的被控对象状态,因此错误的遥控信息会造成操作错误。

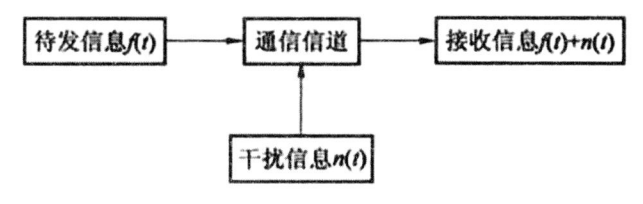

图5-6 通信信息受干扰示意图

远动系统的抗干扰能力是指在有电磁干扰的情况下，远动系统仍能保证技术指标的能力。提高抗干扰能力的方法大致有两种：一是在信道输入端适当变换信号的形式，使其不易受干扰的影响；二是在接收端变换环节的结构上加以改善，使其具有消除干扰的滤波和补偿能力。

（5）远动系统应具备较强的兼容性，并做到维护使用方便。远动系统应具备较好的兼容性，选型设计时要考虑设备的规范化、系列化，要注重采用模块化结构，以便硬件维护与检修。

第四节　远动系统的功能

远动系统的功能可从以下两个方面进行说明。

一、数据采集及处理功能

（一）模拟量输入

模拟量是生产过程中连续变化的参量，如温度、压力、流量、电流、电压和功率等。为了实现计算机控制系统对生产过程的监控，要把这些模拟量经变送器转换成模拟电信号，再通过外围设备中的模拟量输入部件，逐个地把他们变为二进制电信号，然后送进控制机。

模拟量输入部件主要由采样切换器、数据放大器、模数转换器（A/D）和控制器等组成，其原理框图如图5-7所示。

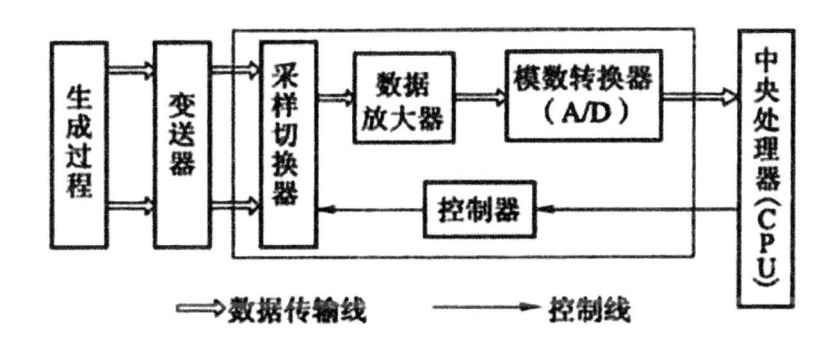

图 5-7 模拟量输入部件原理框图

采样切换器的任务是轮流切换和引入由变送器送来的模拟电信号。模拟电信号一般为 0～5 V 或 4～20 mA 的直流信号,模拟电信号被送入模数转换器变成二进制电信号。控制器操纵采样切换器和模数转换器,使它们有节奏地正常工作。

1. 模数转换器

模数转换器的种类有很多,最为常用的是逐级比较型,其作用是将随时间连续变化的量转换成计算机所能识别的二进制信号。

2. 采样切换器

控制机所要检测的生产过程的运行参数一般有很多,如果每一路输入信号都设一套模数转换器,那么设备将非常庞大。因此,现在所使用的模拟输入通道,大都是几个到几十个输入模拟信号共用一套模数转换器,而通过采样切换器使在一个时间隔内,只有一路模拟信号被接入转换电路去进行转换。

3. 数据放大器

数据采集中使用的放大器与一般测量系统中的放大器相似。它要求高增益、高稳定度、宽频带、低零漂和低噪声。这种处理数据用的放大器一般称为数据放大器。模拟通道中数据放大器的作用是隔离通道各部分,获得阻抗匹配。在低电平通道中,它需要用来提高信号电平以适应模数转换器的输入要求。

有些生产过程中随机干扰的噪声频率是很低的,如果用阻容元件的滤波器,即使时间常数为秒级,也不能把它们全部消除。加大滤波时间常数将增加滞后时间,同时也增加滤波器的体积和质量。一种有效的方法是用程序来实现,以减少噪声在信号中的比例,用程序来减小干扰影响的方法称为数字滤波。

（二）输入数据的前置处理

计算机要搜集的运行参数类别很多，如温度、压力、流量、水位、速度、加速度、二氧化碳浓度、电流、电压、功率、频率等。而每一种参数的测量范围又是很宽的，通常这些参数通过各种变送器转换成相应的电参数。即使如此，计算机也不可能对这些电参数进行预处理，一般这些电参数需要通过模数转换器变换成数字量后送入计算机。

在以上数据采集与前置处理的基础上，计算机或计算机系统实现微机远动功能。

二、运行的安全监视功能

（一）运行参数监视（巡回检测）

定期对生产过程的大量参数进行监视，是控制计算机的一个主要功能。

逐个地将数据采集系统得到的运行参数与给定的控制限定值进行比较，发现参数越限立即报警并显示与打印记录，这就是运行参数监视的主要内容。

给定控制可以分为上限控制、下限控制、差值控制和变化率控制等。大多数的运行参数只要控制在上、下限内即可，但也有部分参数需差值控制，有些参数的给定控制限定值是不变的，有些参数的给定控制限定值应随着工况的变化而变化。

当出现异常工况时，应对异常工况有关的运行参数加速采样与比较，以便加强监视并及时掌握异常工况的发展情形，并将异常参数及其有关的其他参数以规定的周期不断地存入存储器中，以便事后输出，进行分析研究。这就是通常所说的时间追忆记录。

图 5-8 为运行参数监视的流程简图。程序定时启动，首先点燃程序灯（框 1），表示 CPU 正在执行该程序。然后依次将运行参数与给定控制限定值进行比较（框 2）。如发现该运行参数越上限（框 3）或越下限（框 4），则应分别进行越上限处理（框 6）或越下限处理（框 7）。这种处理包括记录越限参数号、形成越限标志等。再进一步检查该运行参数上次是否越限（框 8），如果上次已经越限，则已做过越限处理，并已报警，所以本次不必再重复进行报警处理，以免扰乱运行人员的注意力。

如果该参数上次是正常的，而本次发现越限，则应调入报警子程序，调入显示画面程序，调入越限参数制表打印程序（框 12）然后发出音响报警信号，在屏幕上显示出有关画面，完成制表打印等报警操作（框13）。

如果发现该运行参数上次越限而本次已恢复正常，则应告知运行人员解除报警，并把解除报警的参数、解除报警的时间等内容记录下来。此时程序中有消除报警信息（框9），接着形成解除报警信息（框10），即调入解除报警打印程序由打印机输出（框11）。

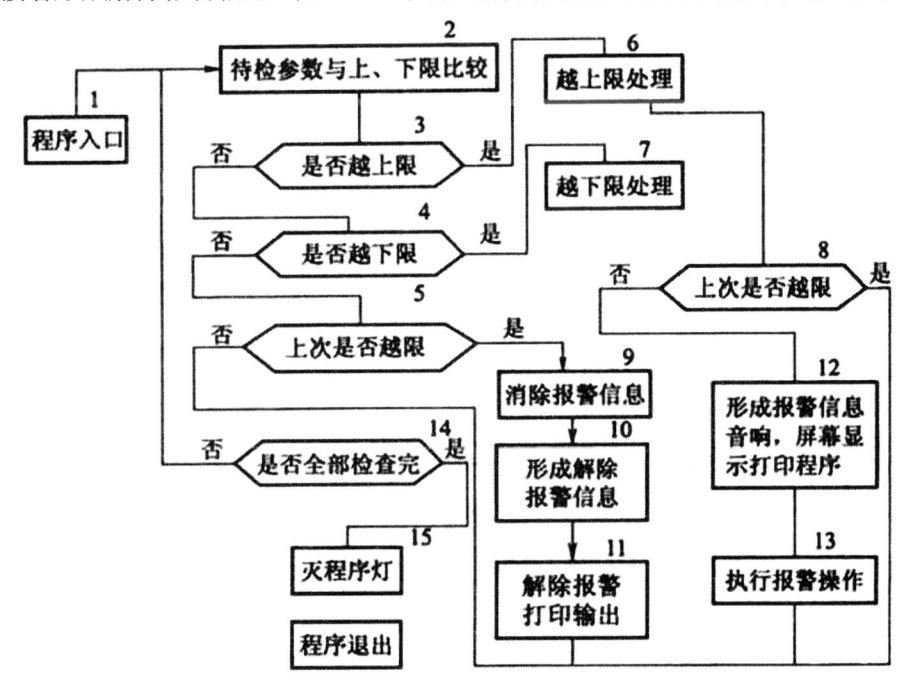

图 5-8 运行参数监视的流程简图

（二）运行参数的制表打印

对于运行参数和设备状态的记录，也是控制计算机必不可少的功能。它对变电站（所）的运行分析和故障分析都起到很大的作用。这一部分功能的主要内容具体如下所述。

1. 定时制表

正常运行的参数可按需要以一定的格式和时间间隔在制表打印机上制成表格。通常每小时必须记录重要的一次及二次参数。对累计值及经济指标每一值一般八小时制表一次。日累计值及经济指标的日平均值，每日制表一次。

2. 参数越限打印

部分需要监视上、下限值的运行参数和运行过程中需监视实时变化趋势的参数，一旦越限或趋势超出预定范围时应进行报警和打印输出，引起运行人员的注意。

3.事故追记打印

事故追记打印将由事故引起的继电保护和开关动作情况，按动作时间先后次序予以记录，并将事故前一段规定的时间内的有关参数打印输出，以作分析事故用。

4.操作记录

每个遥控操作均须记录如下内容：①操作内容；②操作人员姓名；③操作时间；④操作是否成功。

（三）屏幕显示

变电站（所）远动系统的屏幕显示主要有如下内容。

1.主接线图

主接线图显示变电站（所）主接线及相关的断路器、隔离开关及接地刀闸的状态、模拟量信息，并且该图上应能够进行断路器、隔离开关及接地刀闸的操作。

2.主变压器运行参数表

主变压器运行参数表画面上不仅可显示主变压器线圈、油温度及调压挡位，而且可进行调压操作。

3.运行参数表

运行参数表显示所有模拟量的实时数据。

4.事故信息表及故障信息表

事故信息表及故障信息表显示所有事故及故障信息及其发生的时间和回归正常的时间。

5.越限信息表

越限信息表显示各种越限信息，包括越限参数及其定值、发生时间或恢复正常值时间。

6.操作记录表

操作记录表记录操作人的姓名、操作内容、时间。

7.实时曲线

实时曲线以曲线形式记录某一时段的重要参数，如电压曲线、功率曲线等。

8.日运行参数表

日运行参数表一般以小时为单位记录各模拟量,每天一组,定点打印。

9.电度量表

电度量表画面分两种:一种以小时为单位,一小时一张;另一种以日为单位,一日一张,均可定时打印。

10.定值参数表

定值参数表显示主要参数的上、下限定值。有些参数只有上限,有些参数不止一个上、下限,还要求有上上限及下下限。

（四）报警功能

变电站（所）的报警有如下几种。

(1)故障报警。故障报警显示报警内容,一般以黄色表示报警发生,同时启动故障报警音响。

(2)事故报警。事故报警显示报警内容,一般以红色表示报警发生,报警点闪烁（人为确认报警后才停止闪烁）。一般从原屏幕显示画面切换到主接线画面,以便运行人员了解事故点,同时启动事故音响。

(3)越限报警。当越限时,越限参数改变颜色（越上限为红色,越下限为黄色）。

(4)上述情况,均启动语言报警,告知发生的事件。

(5)上述情况,均启动打印报警,以备分析事件用。

（五）遥控功能

调度可对变电站（所）进行下列遥控操作。

(1)断路器分、合闸。

(2)隔离开关分、合闸,接地刀闸操作,等等（需注意闭锁条件）。

(3)电压及无功调节需注意闭锁条件。

上述操作均需输入正确的密码,同时系统会对整个操作过程进行记录。

（六）自动功能

自动功能是指远动系统执行端的计算机系统（下位机）不需调度端的命令而自动执行的控制。对于变电站（所）下位机的自动功能主要有以下几种。

1. 电压无功自动综合调节

根据调度端定值表中设置的电压和功率因数合格范围，下位机自动控制，改变主变分接头位置和切、投补偿电容器。

2. 10 kV 系统接地自动检测与选跳

下位机以 10 kV 零序电压越限（接地继电器动作）和线路的零序电流增长率（ΔI_0）越限为盘踞而选跳 10 kV 线路，进行自动选跳，也可以由值班人员根据显示的信息进行手动选跳。

3. 低频自动减载

下位机定时（如 20 ms）测一次频率，当 n 次（可设定）所测频率的平均值低于所设的频率值，并延时若干秒仍低时，则按设定的断路器号逐个跳闸，进行自动减载，并向主控端报警，同时作顺序记录，启动故障录波器。

（七）通信功能

远动系统不仅上、下位机间要进行通信，而且往往有下列通信要求。

1. 与地调及中调的通信

远动系统将一些重要的状态信号及参数实时传送至地调与中调，并接受地调与中调的命令。

2. 与继电保护管理机的通信

远动系统采集继电保护的信息，并在系统中予以显示，如保护定值、保护状态等，同时可经继电保护管理机改变保护定值及投、退某种保护。

第五节 远动系统的工作模式

计算机远动系统的各项功能是依靠编写好的软件程序来实现的,任何一项功能程序都是系统开发工程师按照被控对象的实际管理需求来编写的,远动系统工作主机服务器在日常运行过程中只负责按软件程序的设计实现其功能。工作主机在执行各种远动功能时必须遵循一套流程原则,这种流程原则就是工作模式。

一、程序启动及允许响应迟延

计算机远动装置的特点是用程序来实现远动功能,而远动装置为保证信息的实时性,其数据信息的发送与接收应周而复始地循环工作,所以计算机远动系统的各功能软件的运行就带有周期性。每一种体现远动功能的程序都是在一定的条件下启动的,且每一种条件的出现都相当于对主机服务器发出请求。当执行某一种程序和请求时,在主机只有一台的情况下,往往会发生主机还没有处理完上一个远动功能程序,又有新的请求出现的情况。在这种情况下,主机系统要等到正在执行的程序执行完毕后,才能响应新的任务请求。这样,一项新的请求有时需要等待一段时间才能得到主机的响应,这种等待时间就是"响应迟延"。

为了保证远动系统功能的实现,对于任何远动装置来说,无论发送端还是接收端,当接口向主机发送请求送取数据信息的信号后,得到主机响应的时间不能过长,即不能超过"最大允许响应迟延"。计算机远动系统的"最大允许响应迟延"一般不大于所接受信息一个码元的时间,响应迟延时间越短,对主机的性能要求越高。为缩短主机接收信道信息的最大允许迟延,可用增加通道缓冲器的办法解决。

二、踏步同步和中断工作模式

为了解决主干程序与发送节拍同步的问题，可采用踏步同步方式，使程序的长度控制在其执行的周期小于信道发送一个信息的周期之内。每当运行的功能程序到达主干程序结束点时，主机就重复检查信道发送信息时刻 t 是否到来的标志，直到查到一个信道发送信息的标识后，立即执行主干程序。这种方式要求编制的程序中最大的分支程序的执行周期小于信道发送信息的节拍。周期信息发送节拍与主干程序的时间参差由踏步操作来调整，以达到同步的目的。

踏步同步模式的缺点是程序主循环执行时间必须小于信道发送一个远动信息字的周期。这样为了保证在任何情况下都能满足这个要求，设计执行一个程序主循环时间的长度时，必须留有充分的时间裕度。

主机如果利用留出的踏步时间进行一些其他的数据处理工作，则可以采用中断模式。中断模式要求信道可以利用电路上的硬件措施发送信息标志，中断正在执行的程序，并优先插入最大允许响应迟延的，即优先度高的"发送程序"。

三、程序的扫查

在一个程序循环的时间内，当主机做完一个程序之后，接下来按固定次序逐个调查是否执行下一个程序，这个过程叫作程序扫查。在主机在依次扫查所有程序的循环过程中，如果要判断是否需要执行的程序很多，而实际需要执行的程序又不多时，可以采用这种扫查方式。由于远动装置分时工作的特点，在主机执行指令速度一定的情况下，装置的处理能力是否饱和，取决于每一程序主循环中最大可能执行的程序个数及执行这些程序需要的总时间是否大于一个远动信息的发送周期。

第六章　智能供电管理系统

第一节　牵引供电运行管理概述

牵引供电运行是指牵引供电工程全部竣工并验收合格后,由牵引供电设备管理单位(供电段、维管段等)保持其技术状态,安全可靠地向电气列车供电的全过程。

牵引供电运行管理是指铁路部门依照国家与行业相关法律、法规、规范和制度,调配人员、机械、工器具、设备材料,对投入运营的供电系统进行巡视、检测(查)、维修,保持其技术状态的全过程。

接触网的运行维护,坚持"预防为主,重检慎修"的方针,按照"定期检测、状态维修、寿命管理"的原则,遵循精细化、机械化、集约化的维修方式,依靠铁路供电安全检测监测系统(6C 系统)等,建立信息资源共享平台,实行"运行、检测、维修"分开和集中修的组织模式,确保接触网运行品质和安全可靠性。

牵引变电所运行检修,坚持"预防为主,严检慎修"的方针,遵循"全面养护、寿命管理"的原则,依据在线、实时监测,周期、状态检修相结合的检测维修方式,实现"实时监测、科学诊断、精细维修、寿命管理"的目标。

一、管理机构与职责

牵引供电运行管理工作由中国国家铁路集团有限公司(以下简称国铁集团)、铁路局、供电段(维管段)三级组织机构实施。

国铁集团工电部是牵引供电设备管理的最高机构,依照国家有关法律、规章、标准,负责铁路供电设备和人员的管理、监督、检查工作,确定运行维护的方针、原则,统一指导、规划牵引供电的检查、检测、维护方式和手段,监督、检查铁路局和供电段(维管段）的设备维护情况；制定、批准有关标准、规范和规章；审批新产品试运行和重要的设备变更。

铁路局供电部是牵引供电设备管理的主体机构，依据国家法律、法规和国铁集团的规章、制度、命令，监督、检查、指导、协调、指挥铁路供电的运营管理工作，组织制定相关实施细则、办法和标准，明确供电段管理职责和范围，审批年度监测、检查、检测计划和月度施工计划，监督、检查、指导、协调铁路局管内供电系统运营管理工作；审批铁路局内新产品试运行和重要设备变更；定期开展设备运行质量评价，安排更新改造工程，增强供电能力，改善技术状态，适应运输发展需要。

供电段（维管段）是三级组织机构的基层单位，是铁路供电职能的执行者，依法贯彻执行铁路局的规章、制度和标准；依据上级部门的规章、标准、规范，补充制定具体的管理标准、工作标准和技术标准；制定段内各部门、车间的管理职责和范围；制订工作计划并组织实施，组织日常维修、设备运行状态定期检查分析、评比、考核工作，制定改进措施，组织技术革新和职工培训。

供电段（维管段）下设供电车间、接触网检测车间、接触网维修车间和变配电检修车间。

供电车间是涵盖接触网、变电和电力的综合运行管理车间，负责日常运行管理和应急处置，组织临时维修，跟踪验收质量。供电车间管辖运营里程宜为 200 km 左右，枢纽地区宜单独设置，有砟线路区段可适当缩短。供电车间内设运行工区，运行工区管辖运营里程宜为 60 km，有砟线路区段、站间距较小的城际铁路可适当缩短；枢纽站、动车段（所）宜单独设置。

接触网检测车间一般设置在段部或供电车间所在地，负责 6C 系统检测数据分析，6C 系统检测装置的维护、运用、管理。

接触网维修车间承担的维修任务以 1 200～1 500 接触网延展公里为宜。接触网维修车间内设维修工区，一般设在车间所在地，根据管辖范围可在异地增设。接触网维修车间采用集中修的方式组织接触网二级修（综合修）工作。

变配电检修车间负责管段内变电和电力专业全部设备的各级检修、预防性试验和故障处理；实施管段内变电和电力专业设备的大修、设改工程；配合接触网专业进行故障处理和故障分析。

接触网实行"运行、检测和维修"职责分工管理方式。运行工区负责供电设备日常运行管理，包括牵引变电所、AT（电力牵引自耦变压器）所和开闭所值守，接触网和电力线路巡视检查、单项检查、非常规检查、施工配合、应急处置和临时修（接触网一级修）等。检测工区负责6C装置的运用、维护，并对6C系统检测数据进行分析。维修工区按照月度维修计划，负责接触网设备全面检查、综合修和专项整治。

二、运行工区管理内容

高铁供电运行管理包括设备接管、作业制度管理、计划与天窗管理、设备维修质量管理、值班值守管理、抢修管理、抢修机械和新产品试运行管理等内容。限于篇幅，本节简要介绍计划与天窗管理、设备维修质量管理和抢修管理。

（一）计划与天窗管理

为保证定期检查和及时处理设备缺陷，在列车运行图中需预留接触网维修"天窗"，接触网停电的牵引变电所设备作业一般也应在"天窗"点内进行。

供电生产计划包括年度监测计划、年底维修计划和月度维修计划三部分。年度监测和维修计划，由供电段于前一年11月底前下达到车间，同时报备铁路局；月度维修计划由供电段编制后下达维修车间。

接触网三级修（精测精修）或改造时，"天窗"的利用计划原则上应逐日连续安排。对较大车站（如枢纽站、区段站）和必须利用垂直"天窗"作业的区段，应根据设备状况定期安排"天窗"停电检修。

供电段各工区、各工种（包括变电、电力）在同一停电范围、同一封锁区段内作业，应尽量安排同时作业。

遇到危及安全的故障或缺陷必须立即停电维修时，供电调度员应于停电前通知列车调度员，列车调度员根据供电调度员的停电通知及时发布相关行车调度命令。

（二）设备维修质量管理

铁路局负责组织接触网精测精修、大修检查验收工作。每次精测精修、大修改造竣工后，由施工单位向铁路局提报验收申请，铁路局组织设计、施工、监理、供电段现场检查验收。

铁路局组织供电段每月对接触网动态运行质量进行评价，每年 10 月底前对设备整体技术状态进行质量鉴定。对季节变换、频繁发生故障等特殊情况可不定期组织质量鉴定。

供电段技术主管部门、供电车间每月，铁路局主管专业部门每季度应组织牵引供电运行质量分析，并分别编制质量分析报告。质量分析应根据接触网、变电所检测和运行过程中存在的问题，对接触网质量状态进行综合诊断，找出设备在运行中出现的特殊性、普遍性问题及质量状态变化规律，针对反映出的质量问题，制定整治措施，纳入维修计划。质量分析的主要内容包括：

（1）检测、维修计划完成情况。

（2）检测、维修及设备运行中发现的具体问题。

（3）产生问题的原因分析及采取的措施。

（4）供电设备质量状态的变化规律和趋势。

供电运行工区是供电维修工作检查验收的主体。为保证维修质量，应做好供电设备与采料入库管理，尤其是接触网重要零部件和线材的合格证签发管理。

对于供电运行工区临修或单项设备检查和维修工区进行的所有作业，运行工区均要对作业质量进行检查验收。

接触网综合修工作开展前，运行工区应将接触网分析诊断记录交付接触网维修工区；全面修工作完成后，维修工区应将接触网分析诊断记录、接触网维修记录详细填写后反馈至运行工区，并留存备查。

（三）抢修管理

牵引供电系统建设原则：按照"细分供电单元，缩小供电范围；准确判断故障、压缩故障停时"的要求进行牵引供电设计和施工。

接触网抢修原则：高速铁路接触网故障抢修要遵循"先行供电""先通后复"和"先通一线"的基本原则，以最快的速度满足滞留列车供电条件，尽快疏通线路并尽早恢复设备正常的技术状态。

抢修组织原则：铁路局供电调度员负责牵引供电故障抢修指挥。应急指挥专家组负责指导高铁供电应急处置方案的制定和实施。供电段负责现场抢修组织和实施。抢修时，应明确现场抢修负责人，所有抢修人员必须服从抢修负责人的统一指挥。

故障分析与供电恢复原则：发生牵引供电跳闸、接触网异常的情况，供电调度员立即组织供电段巡查设备，查明跳闸、异常原因。需登乘列车检查处理故障时，协助列车调度员办理抢修人员登乘事宜。供电调度员根据保护装置提供故障报告，结合列车运行、天气情况、视频监控等信息，初步判定跳闸故障类别、性质、故障地点或区段。

供电线（电缆）故障时，断开故障上网开关，采用迂回方式供电。

正馈线故障时，断开正馈线开关，采用直供方式供电。

抢修出动：供电工区（包含应急值守点）接到抢修通知后，应根据抢修预案和现场情况，带好材料、工具等在 15 min 内出动。抢修人员应优先采取登乘列车的方式出动抢修。登乘人员要本着快速出动、就近上车的原则，立即申请登乘列车，列车调度及相关部门积极配合，确保抢修人员尽早到达现场。

三、检测工区管理内容

（一）接触网检测监测与缺陷管理

坚持"预防为主、超前诊断、动态掌握、指导检修"原则，构建科学有效的供电检测监测体系，接触网设备利用 6C 系统等，定期进行检测，即时、定期分析诊断，按照标准值、安全值、限界值界定设备状态，划分缺陷等级（两级缺陷），为设备维修提供依据。

1.检测监测手段

检测是指利用仪器、设备或人工等方式，对接触网进行检查和测量，掌握设备质量及运行状态，包含静态与动态检测、检查、零部件检验等部分。检测后必须进行分析诊断，并以此作为编制维修计划的依据。

监测是对接触网外观、零部件状态、主导电回路、绝缘状况、外部环境和弓网配合等运行状态进行的测量、监视。

接触网检测监测主要是通过 6C 系统完成的。

2.缺陷分级管理

缺陷分级管理一般由供电段的接触网检测中心专业人员负责，根据 6C 系统综合处理中心的数据，开展及时、定期分析诊断，根据检测监测结果，对设备的运行状态用三种限值来界定。

标准值：标准状态目标值，一般根据设计值确定。

安全值：运行状态提示值，一般根据设备技术条件允许偏差确定。

限界值：运行状态安全临界值，一般根据计算或运行实践确定。

根据标准值、安全值、限界值确定设备状态，缺陷划分为一级缺陷、二级缺陷两个等级。

一级缺陷：达到或超出限界值；

二级缺陷：达到或超出安全值且在限界值以内。

缺陷分级管理示意图如图6-1所示。

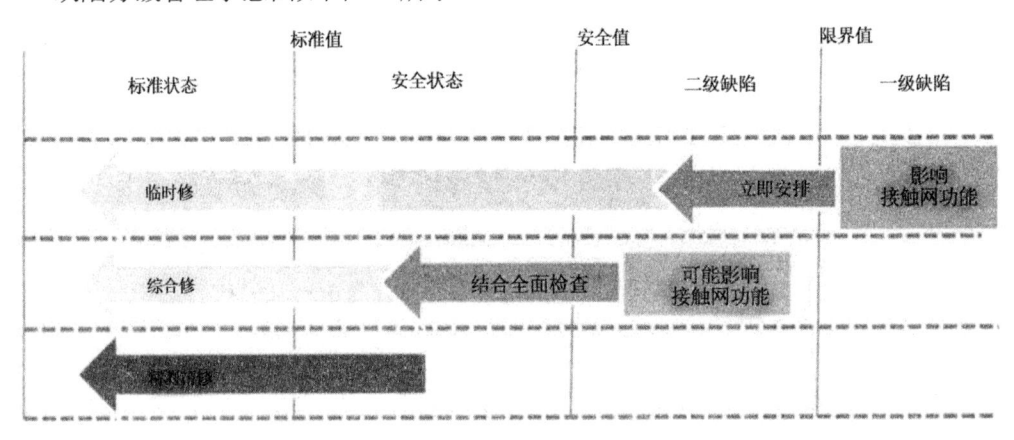

图6-1 缺陷分级管理示意图

3.缺陷分析诊断

6C系统能够对照接触网表征参数和零部件技术状态的评价指标，及时给出越限值，供接触网检测工区或供电段技术人员确认并采取适当的维修措施。接触网检测工区或供电段技术人员也可以根据6C系统丰富的检测监测信息进行缺陷分析诊断。

（二）变电检测与分析诊断

1.预防性试验

为了发现运行中变电设备的隐患，预防事故发生或设备损坏，变配电检修车间按照规程定期对供电设备进行的预防性试验，包括绝缘试验和特性试验。

绝缘试验包括交流耐压试验、直流耐压试验、介质损耗角测量、绝缘电阻测量等。

特性试验包括测量直流电阻、测量变比、测量回路电阻、开关参数测试、接地电阻测量、电缆电线绝缘线径测试、二次回路试验、继电保护试验等。

2.试验数据分析诊断

对试验结果的判定，除了应在规程允许规定范围之内，还应对试验结果进行综合分析判断。

对于同一设备的单项试验结果，尤其是试验结果接近标准限值时（尚未超标），一般采取与历年各次试验结果比较、与同类型设备试验结果比较、对照相关规程要求参考其他项目试验结果等方法，进行综合分析，特别注意缺陷的发展趋势，做出判断。

根据综合分析，一般可对设备做出判断结论：合格、不合格或对设备有怀疑。对不合格的设备，应及时进行检修。为了能做到有重点或加速处理缺陷，应根据设备结构特点，尽量做部件的分节试验，以进一步查明缺陷的部位或范围。对有怀疑的设备，应采用缩短试验周期、在良好天气或温度较高时进行复测，以监视设备可疑缺陷的变化趋势，或验证过夫试验的准确性。

四、维修工区管理内容

（一）接触网维修

坚持"预防为主、重检慎修"的方针，按照"周期检测、状态维修、寿命管理"的原则，遵循"精细化、机械化、集约化"的检修方式。

1.维修规程

接触网维修是指通过精确检测发现接触网的实际状态出现不允许的误差或发生故障时，对接触网进行必要的修复，使其恢复正常功能、达到标准状态。

接触网维修分检修和大修。接触网检修分一级修（临时修）、二级修（综合修）和三级修（精测精修）。

一级修（临时修）是为了使设备状态保持在限界值以内，对导致接触网功能障碍的缺陷、故障立即投入无事先计划的临时性维修。其主要包括一级缺陷的临时性修理、危及接触网供电周边环境因素的处理、导致接触网功能障碍的故障修复（必要时采取降弓、限速、封锁等处置措施）。一级修由接触网维修工区组织实施。

二级修（综合修）是为了使设备状态保持在安全值以内，对定期检测发现的缺陷有组织、有计划地进行维修，以及设备全面维护保养。二级修（综合修）主要包括二级缺陷集中修理和设备全面维护保养（必要的防腐和注油等），偏重对零部件的全面检查和维修。二级修（综合修）可结合全面检查进行，一般维修周期为 36 个月，或根据缺陷情况有计划地安排，以集中修的方式，由供电段或接触网维修车间组织实施。

三级修（精测精修）是指通过检测动态条件下接触网表征参数、静态条件下的接触网几何参数，检验零部件的技术状态；依据检测、检验分析结果，全面调整接触网静态几何参数、更换失效或接近预期寿命的零部件和设备、更换局部磨耗接近限界值的接触线，达到接触网的标准状态。

三级修（精测精修）周期一般为 7 年，或不少于 50 万弓架次，或者在接触网动态检测时发现弓网动态特性表现为区段持续不良、故障多发以及线路平纵断面发生调整的区段后进行。铁路局委托具有资质的设计单位以集中修的方式完成三级修（精测精修）施工设计，并组建专业队伍或委托具有高铁接触网施工业绩的专业队伍实施。

大修是恢复性的彻底修理。大修主要是整锚段地更换接触网（含附加导线），并采用新设备、新技术改善接触网的技术状态，增强供电能力，适应运输发展的需要。接触网大修周期一般为 30 年，或不少于 200 万弓架次。腐蚀严重的区段，根据接触线磨耗和锈蚀情况，经质量鉴定后可适当缩短。

2.维修机械配置与维修方式

大型维修机械配置包括接触网集中检修作业车列、多平台作业车和接触网水冲洗车等。

根据供电段下达维修计划，统一安排维修，利用接触网检修车列、多平台作业车等现代化工装设备，改变以前接触网设备分散检修组织形式，实行集中规模作业模式，释放人力资源，提高检修效率和检修质量，降低维修成本。

（二）变电设备维修

变电设备维修分为小修、状态维修和大修三种。

小修：维持性修理，对设备进行检查、清扫、调整，保持设备正常的技术状态，主要为清扫维护，更换易损件。避雷针、避雷器和接地装置在雷雨前维修。小修的维修周期一般为一年。

状态维修：根据检测、试验结果对存在问题的设备进行的计划性维修，主要对设备进行局部更换。

大修：达到寿命后的整体更换。一次设备的大修周期一般为15～20年，部分一次设备的大修周期为10～15年；二次设备的大修周期一般为6～8年。

考虑到变电设备种类繁多、内部结构复杂，较复杂的检修、试验亦可委托专业机构进行。

需要接触网停电的牵引变电所设备检修作业一般在"天窗"点内进行，不需要接触网停电的牵引变电所备用设备和退出后不影响列车运行的分区所和AT所，可在昼间进行作业。

五、管理质量评价与鉴定

（一）质量评价

铁路局每月或不定期组织开展接触网质量评价，通过对接触网动态几何参数、接触线平顺性参数、弓网受流性能参数等进行综合分析，掌握设备动态运行功能。

质量评价一般以区间或站场为单元、以正线公里为单位进行，按照每公里扣分数考核接触网动态质量，评价结果根据分数分为优良、合格、不合格三类。

（二）质量鉴定

铁路局组织供电段每年10月底对设备整体技术状态进行质量鉴定。对频繁发生故障或运行不稳定的个别设备、零部件，可不定期组织鉴定。质量鉴定主要是通过静态方式对接触网的几何参数、设备及零部件状态进行综合统计分析，掌握设备整体技术状态。

质量鉴定可采用静态检测、接触网悬挂状态监测检测图像分析、人工检查的方式，按单项设备和整体设备分别进行。

接触悬挂、附加导线以条公里为单位，隔离（负荷）开关、避雷器等以台为单位，线岔、绝缘器（含关节式分相）等以组为单位，整体设备以换算条公里为单位。

以跨距为鉴定单元，若在被鉴定的跨距内有一处不合格，即视为该跨距不合格（在悬挂点及定位点处，跨距长度按相邻跨距的平均值计算）。

对一个锚段的接触线、承力索、附加导线等，当接头及补强数量超过规定值后，该锚段即视为不合格设备。整根高压电缆有一项不合格的，即视该根电缆为不合格设备。

鉴定后的质量等级分为以下三种：

（1）优良：绝缘部件（含空气绝缘间隙）、接触线几何参数和主导电回路的设备状态未超过安全值者。

（2）合格：设备状态未超过限界值者。

（3）不合格：设备状态达到或超过限界值者。

优良率、合格率、不合格率分别按下列公式计算：

$$优良率 = \frac{优良设备数量（换算条公里）}{设备鉴定总数量（换算条公里）} \times 100\%$$

$$不合格率 = \frac{不合格设备数量（换算条公里）}{设备鉴定总数量（换算条公里）} \times 100\% \quad (6\text{-}1)$$

$$合格率 = 1 - 不合格率$$

质量鉴定结果作为当年的设备质量运行状态填入牵引供电履历簿。

第二节　智能供电运行检修管理系统

在铁路云和铁路大数据平台尚未完全建设就绪之前，牵引供电专业研究人员已经在智能牵引供电系统的框架下，开发了智能供电运行检修管理系统，并在京沈客运专线综合试验段验证和智能京张高铁中应用。本节对已经应用的智能供电运行检修管理系统进行了总结。

一、定义与管理层级

目前，我国高速铁路牵引供电系统逐步建立了自动化、智能化的检测监测和运行管理平台，但各系统平台间相互独立，数据源与数据缺乏统一的规范、标准，导致各系统间的信息交互共享困难。在运行维护上，平台只能对单一设备状态做出"正常"或"故障"判断，无法掌握牵引供电系统整体健康状态和劣化趋势，缺乏对设备的早期预警及采取"先导式的维护保障"手段，即故障报警预警机制和系统健康评估体系。

（一）定义

智能供电运行检修管理系统是对智能供电设施的静态（基础）数据、检测监测数据、运行维修数据、设备状态信息等数据和运行、检测、维修等流程进行全寿命周期综合管理的系统，以供电运行管理流程为基础，以故障预测与健康管理（PHM）为核心，实现牵引供电系统的日常生产管理、维修物资管理和智能指挥决策。

按照管理分类，高速铁路供电分为接触网、变电、电力和轨道车四个专业。智能供电运行检修管理系统应该在统一的软件和硬件平台的基础上，利用全寿命周期大数据，通过故障预测与健康管理，以合理的运行维修成本，为供电系统及其构成设备制定标准精细的维修策略，实施精准维修，以保障高速铁路供电系统安全高效运行。

（二）管理层级

高铁智能供电运行检修管理系统层级结构按照现有铁路管理特点，划分为国铁集团、铁路局、供电段、车间/工区/沿线设施四级。

国铁集团级为监管层。国铁集团级智能供电运行检修管理系统应侧重全路高速铁路供电系统的健康状态（按线路）、设备故障统计和事故抢修管理，应能够访问全路所有智能供电运行检修管理系统。

铁路局级为控制与决策层。铁路局级智能供电运行检修管理系统应侧重铁路局管辖范围内高速铁路供电系统（按线路）和供电区段（含牵引变电所左右两臂的接触网、AT所、分区所）的健康状态、设备故障统计和精测精修与大修管理，应能直接访问铁路局内所有供电段的智能供电运行检修管理系统。

供电段级为信息处理中心和指挥层。供电段级智能供电运行检修管理系统，应能接收车间/工区/沿线设施上传的运行检修数据、检测监测数据和供电调度采集的实时状态信息，对辖区的牵引供电系统、电力变配电系统及其构成设施（包括元件层、子系统层和系统层）进行故障诊断、故障预测和健康评估，制定维修决策，实施接触网、变配电设备的运行、检测和维修，应侧重以可靠性为中心的检修与管理。

由于供电段直接面向供电运行检修业务，同时考虑到建设智能供电运行检修管理系统的投资，供电段级智能供电运行检修管理系统应是建设的重点。

二、功能与软硬件结构

（一）功能

智能供电运行检修管理系统的功能可分为基本功能和高级功能。基本功能包括运行管理、检测管理、维修管理、质量评价、质量鉴定、维修工器具管理、维修物资管理等。高级功能包括故障诊断、故障预测、健康评估、维修决策和维修成本分析。

（二）软硬件结构

目前，智能供电运行检修管理系统有三种建设模式：其一为在既有各种供电运行检修管理系统的基础上，增设高速铁路供电故障预测与健康管理系统；其二为遵循既有供电运行检修管理模式，整合既有各管理系统的功能，加强各系统的数据共享，增设高速铁路供电故障预测与健康管理系统；其三为在全路构建统一的铁路应用云和统一的大数据中心两个平台的框架下，遵循既有供电运行检修管理模式，开发全新的高速铁路智能供电运行检修管理系统。第二种模式既能充分利用既有系统资源，又为运维值班人员所熟悉，同时便于向第三种模式迁移，因此基于客观实际，本节以第二种模式为对象进行介绍。

智能运行检修管理系统的硬件构成分为数据接口层、数据处理层和业务展示层，完成高速铁路供电系统的变电设备、接触网和电力变配电设备的运行、检测与维修管理。

数据接口层：通过数据采集子网，采集1C～6C设备检测监测的接触网数据，各牵引所辅助监控系统的智能一次设备在线监测数据，手持移动终端输入的运行、维修过程数据和NB-IoT（窄带物联网）基站获取的各种传感器、微控制单元数据。

数据处理层：各种服务器按照功能划分，完成相应的数据处理任务，例如，一杆一档（一台一档、一车一档）应用服务器、运行检修应用服务器完成既有供电运行检修管理任务，PHM应用服务器完成故障诊断、故障预测、健康评估与维修决策任务。

业务展示层：除增设接触网PHM、变电设备PHM终端外，其他配置与既有供电运行检修管理模式完全一致。

图 6-2 给出了高铁供电段级智能运行检修管理系统软件结构,包括系统软件、平台软件和应用软件。

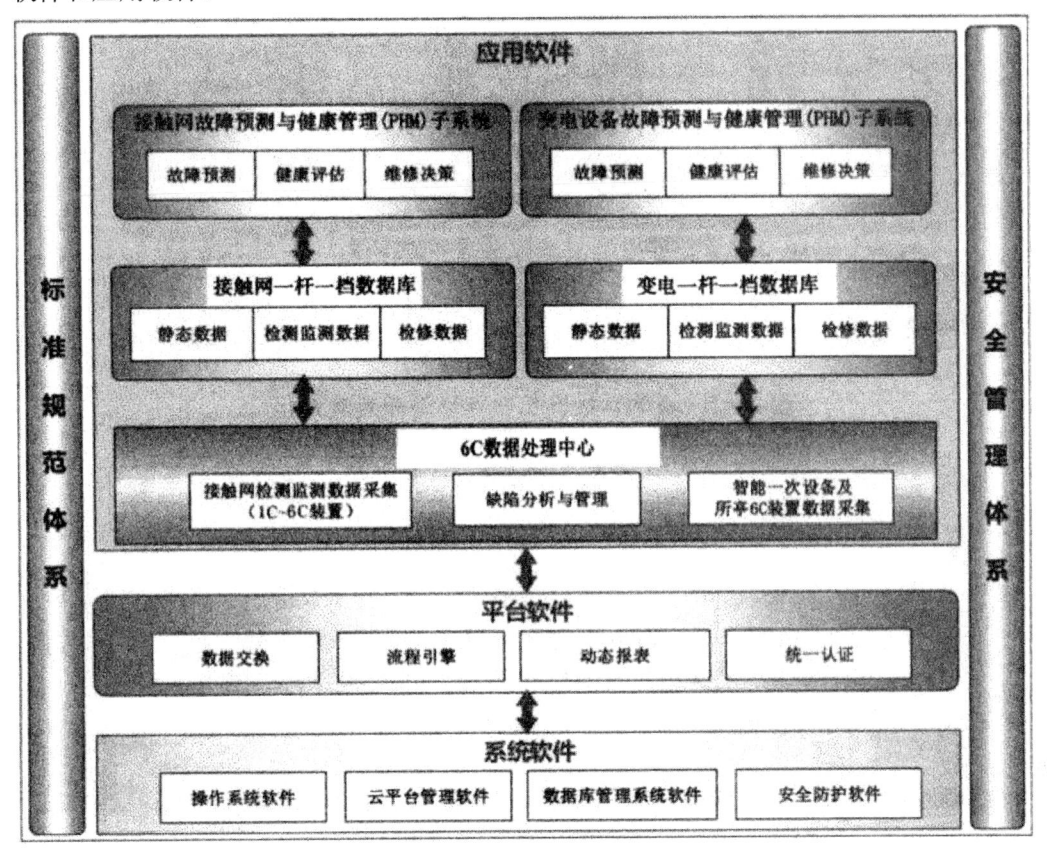

图 6-2 高铁供电段级智能运行检修管理系统软件结构

系统软件包括操作系统软件、云平台管理软件、数据库管理软件和安全防护软件等。平台软件包括数据交换、流程引擎、动态报表和统一认证等。应用软件包括 6C 数据处理中心、一杆一档数据库、故障预测与健康管理子系统等。

三、智能接触网运行检修管理系统结构

智能接触网运行检修管理系统结构如图 6-3 所示。

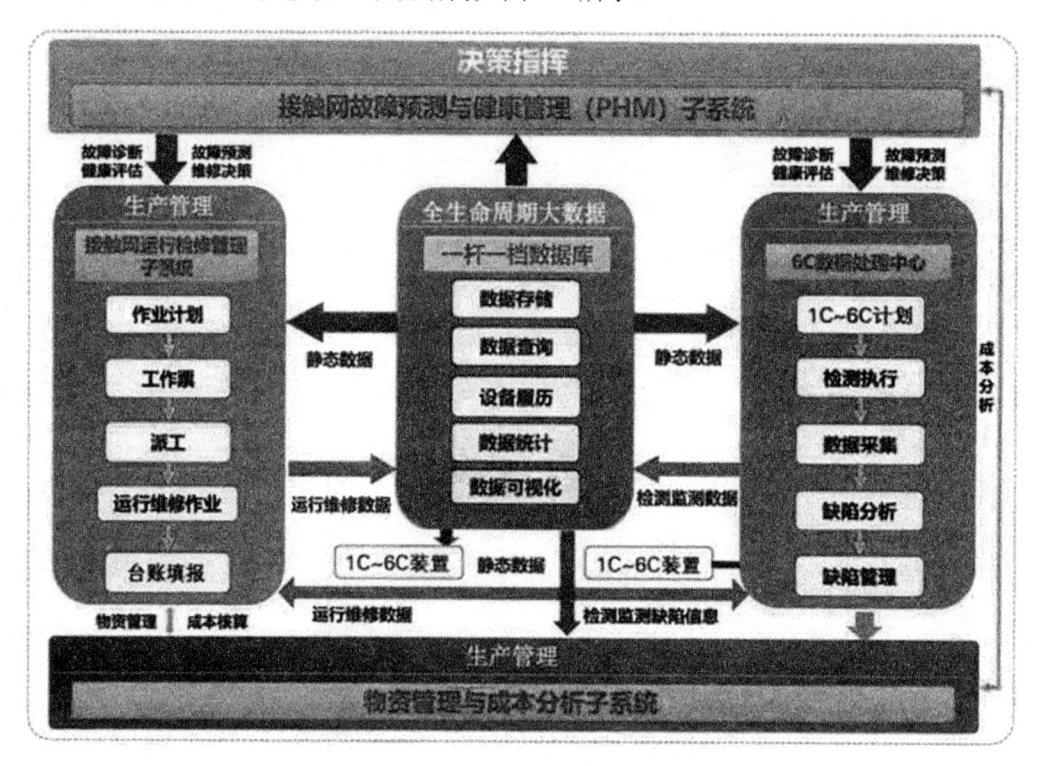

图 6-3　智能接触网运行检修管理系统结构

智能接触网运行检修管理系统主要由接触网故障预测与健康管理子系统、接触网运行检修管理子系统、物资管理与成本分析子系统和一杆一档数据库、6C 数据处理中心构成。接触网故障预测与健康管理子系统是智能接触网运行检修管理系统的重点。

四、智能变电设备运行检修管理系统结构

智能变电设备运行检修管理系统结构如图 6-4 所示。

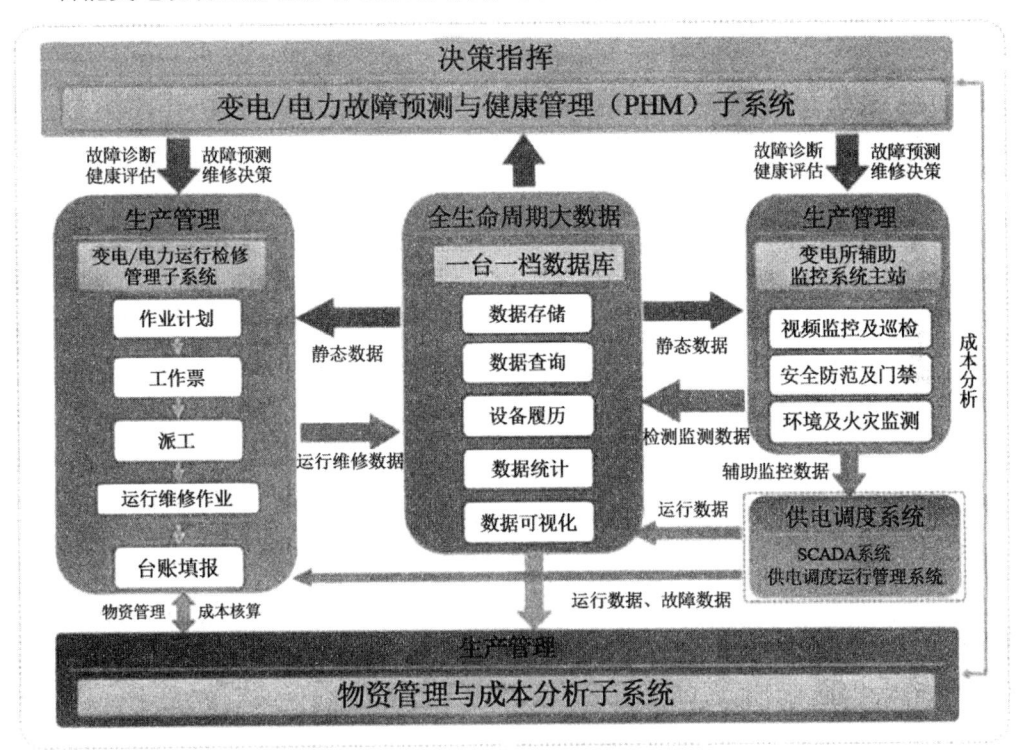

图 6-4 智能变电设备运行检修管理系统结构

智能变电设备运行检修管理系统主要由变电/电力故障预测与健康管理子系统、变电/电力运行检修管理子系统、物资管理与成本分析子系统和一台一档数据库、变电所辅助监控系统主站构成。变电/电力故障预测与健康管理子系统是智能变电设备运行检修管理系统的重点。

第三节　接触网故障预测与健康管理系统

高速铁路接触网与一般的被观察对象有显著的不同：一是其沿高铁线路布置、结构复杂、零部件众多，很难建立准确的数学模型；二是若实现在线检测监测，传感器安装不易，成本高昂，一般采用移动与固定相结合的检测监测模式；三是接触网的稳定受流与运行安全直接决定高速铁路的运行品质。因此，对高速铁路接触网进行故障预测与健康管理是完全有必要的。

一、数据来源

为了建立数据驱动的高速铁路接触网 PHM 方法，首先要明确高速铁路接触网运行过程数据。根据我国高速铁路接触网的特点，其运行过程数据可分为基础数据、检测监测数据、故障数据、维修数据四类。

（一）基础数据

基础数据应该至少包括以下内容：

对应的地理位置：应包括铁路局、线路、区间/站场、锚段、支柱。

所属的责任部门：应包括供电段、车间、工区。

相应的零部件及设备：具体包括接触线、承力索、吊弦与吊索、锚段关节与关节式电分相、中心锚结、下锚装置、交叉线岔、无交叉线岔、电连接、补偿装置、软（硬）横跨、支持装置、定位装置、支柱与吊柱、供电线、加强线（LF 线）、正馈线（AF 线）、回流线（NF 线）、保护线（PW 线）、架空地线（GW 线）、隔离开关、电缆及其附件、吸上线、接地装置、地磁感应装置、标识牌、保安装置等。

固有的技术参数：包括但不限于设备设施的类型、型号、材质、尺寸、几何数据（如接触网几何静态测量数据、不同电压等级附加导线、引线、接触悬挂等线索交叉时的最小间距及对地距离）、生产厂家、投运日期。

稳态的运行工况：单位时间（每天）内运行弓架次（单弓、双弓分开统计）、速度等级。

（二）检测监测数据

检测监测数据一般分为6C数据和人工数据，提供这两类数据时都必须明确其采集时的地理位置。

6C数据包括但不限于：动静态几何、弓网燃弧、接触压力、硬点（弓头加速度）、抬升量、磨耗、弹性、电压、电流的原始连续检测数据；动态检测时的检测速度、检测日期；接触网及其重点部件、周边环境视频；受电弓/接触悬挂高清视频；典型接触网零部件高清图像；受电弓及滑板高清图像、车号图像；绝缘子绝缘状态；27.5 kV电缆接地电流、温度、局放（电缆中间接头或终端）；所监控的接触网设备及部件视频；张力补偿器a/b值；定位点振动频率、振动幅值、抬升量；电连接线夹温度、导电电阻。

人工数据包括：

静态检测数据：线岔限制管、吊弦、电连接等零部件状态；地面磁感应器磁感应强度及运行状态；接触线几何参数；绝缘锚段关节各处两线间距；关节式分相各处两线间距；等等。

巡视检查数据：主要针对2C、4C装置检测不到的项目，如各种线索、零部件、绝缘部件、吸上线、支柱等；接触网周围环境。

单项检查数据：分段绝缘器绝缘部件、滑道等的状态；分相绝缘器绝缘部件、位置等的状态；隔离开关绝缘子、引线、隔开托架等的状态；避雷器引线、脱离器等的状态。

全面检查数据：主要包括无法或不易通过间接测量手段掌握接触网系统运行状态的所有项目（零部件状态、附加线索等）。

非常规检查数据：中断供电次数及累计时间、引起跳闸的接触网故障及原因；极端外部环境条件下，关键零部件及设备的运行状态。

（三）故障数据

对故障数据进行分类时，估计或准确定义是内因故障还是外因故障；提供故障发生的地理位置与发生故障的零部件或设备种类，同时对故障状态进行标准化描述，建立统一的数据字典。除此之外，还提供以下信息：

故障原因，包括但不限于设计制造缺陷、安装不规范、材质选用不当等内部原因，或人为、列车或受电弓非正常运行、轨道桥梁等基础设施状态异常、周边环境或异物、不当作业等外部原因；发生故障的时间；故障发生时的天气或环境，包括但不限于风压、降水（雨、雪）湿度、温度、太阳光辐射强度、大气污染等级等。

（四）维修数据

维修数据需提供维修的日期，其目的是通过分析，降低或提升不同区段接触网的维修层次，调整维修频率。维修数据包括：维修层次与维修区段（锚段或起止支柱）故障修复时间；天窗时间内修复故障的数量；维修成本。

在我国，各个铁路局都建设有 6C 数据中心和接触网管理信息系统，除 6C 检测监测数据由 6C 数据中心提供外，其他数据可由接触网管理信息系统（MIS）提供。

二、接触网数据库编码

考虑到接触网固有参数与故障参数差异较大，为便于数据库共享利用，接触网数据库分为固有参数数据库（A 库）和故障数据库（B 库）；两个数据库的结构和内容将根据自身特点分别设置。限于篇幅，本节主要介绍故障数据库。

（一）数据结构

数据结构是带有结构特性的数据元素的集合，用来规范数据的逻辑结构和数据的物理结构以及它们之间的相互关系。数据的逻辑结构反映了数据元素之间的逻辑关系，与数据在计算机中的存储位置无关。数据的物理结构则侧重于研究数据在计算机存储空间的存放形式。

数据的逻辑结构包括如下四种：
集合：数据结构中的元素之间仅有"同属一个集合"的相互关系；
线性结构：数据结构中的元素存在一对一的相互关系；
树状结构：数据结构中的元素存在一对多的相互关系；

图形结构：数据结构中的元素存在多对多的相互关系。

接触网是一个复杂的机械系统，通常采用树状结构来描述接触网及其零部件存在的"一对多"的逻辑结构关系。

树状结构是非线性数据结构的一种，它是由有限的节点组成的具有层次关系的集合，其在客观世界中广泛存在，例如企业的组织机构、家族图谱等都可以用树状结构来形象表示。图 6-5 展示了树状结构的基本组成。

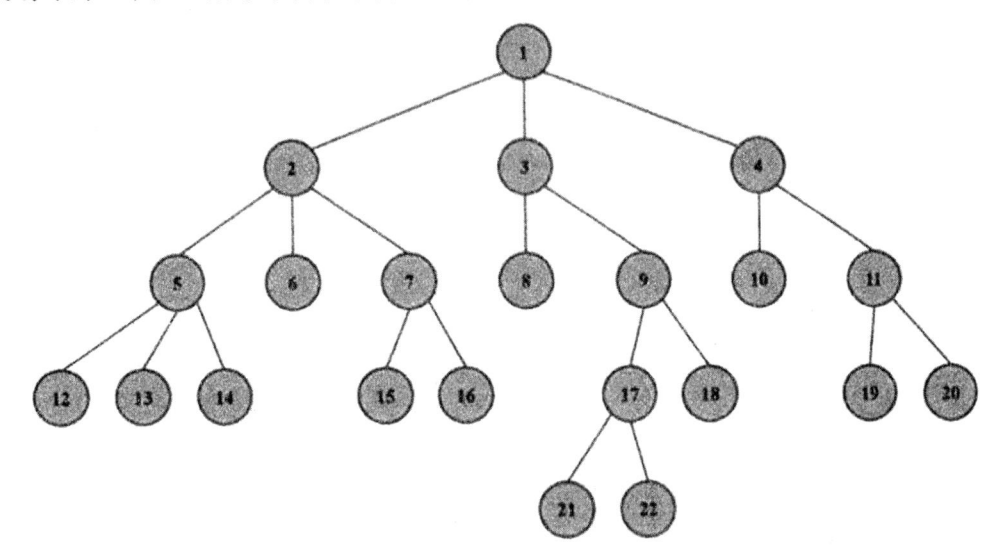

图 6-5 树状结构的基本组成

对于图 6-5 中的各个元素，结合树状结构的特点和高铁接触网故障的实际情况，本书做出如下说明：

父节点（parent node）：节点连接的上层节点叫作该节点的父节点，图中节点 7 为节点 15 和 16 的父节点。

子节点（child node）：节点连接的下层节点叫作该节点的子节点，图中节点 5、6、7 都为节点 2 的子节点。

根节点（root）：没有父节点的节点，一个树状结构仅包含一个根节点，图中节点 1 为根节点，在接触网故障中表示接触网存在故障。

叶节点（leaf node）：没有子节点的节点，图中节点 6、8、10、12～16 和 18～22 都为叶节点。叶节点在接触网故障中表示某一个具体的故障，例如：定位线夹螺栓紧固件状态异常。

分支节点（branch node）：同时拥有父节点和子节点的中间节点，图中节点2～5、7、9、11和17都为分支节点。分支节点在接触网故障中表示由部分具体故障上卷形成的中间某类故障，例如支持装置故障。

祖先（ancestor）：从根节点到该节点所经分支上的所有节点。以节点21为例，其祖先为节点17、9、3、1。

子孙（descendant）：所有子节点以及直到叶节点为止的子节点的子节点们。以节点2为例，其子孙为节点5～7、12～16。

节点的度（degree of node）：某个节点所拥有的子节点的个数。图中节点5的度为3，节点7的度为2。

节点的层次（level of node）：从根节点到该节点所经路径上的节点个数。规定根节点的层次为0，其余节点的层次等于其父节点的层次加1。即：节点2～4的层次为1，节点5～11的层次为2，节点12～20的层次为3，节点21～22的层次为4。

树的深度（depth of tree）：树中节点的最大层次数。图中树的深度为4。

子树（subtree）：某个节点和其所有子孙节点构成的树。

在实际应用过程中，树状结构往往因为分析对象的不同，存在着部分分支的叶节点层次过深或过浅的情况。对于个别层次过浅的叶节点，采用延长分支节点的办法，如图6-6（a）所示。对于小部分分支层次过深的节点集，采用子树并入的方法可以降低整个子树内节点的层次，从而达成统一深度的目的，过程如图6-6（b）所示。

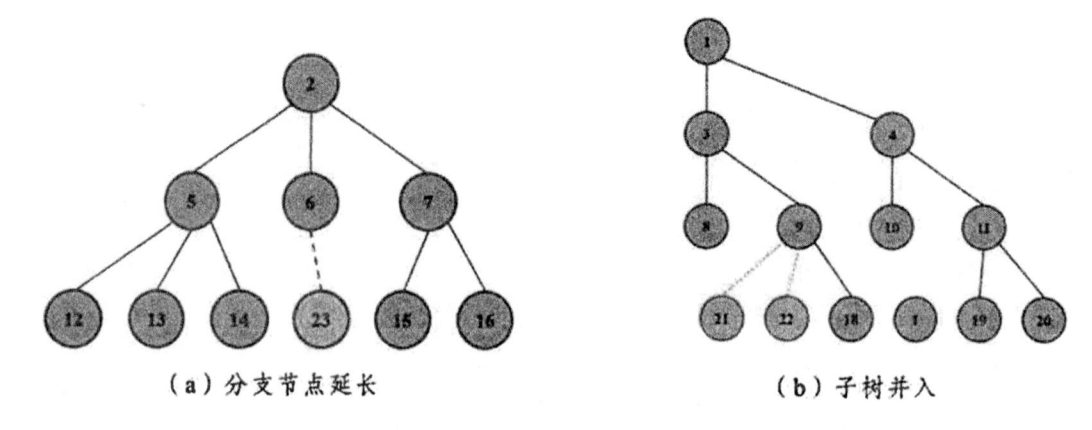

（a）分支节点延长　　　　　　　　（b）子树并入

图6-6　树状结构的变形

为方便表述，采用二元组来表示树状结构中任意节点与其父节点的关系，记作 $<a_i, a_j>$。其中，a_j 为任意节点，a_i 为 a_j 对应的父节点。整个树状结构中所有的父子关系对组成了一个集合，记为 H。对于拥有相同父节点 a_i 的节点们组成的集合，记为 Sub_i，代表 a_i 的所有子节点，则任意节点与其所有子节点的层次关系可表示为 $<a_i, \mathrm{Sub}_i>$。以"平腕臂底座备用螺帽缺失"为例，通过逐层归类，从根节点往后的节点依次为：支持装置、平腕臂、平腕臂底座、底座零件、安装状态，共计 5 层。大部分故障通过 3~4 层即可定位，极少部分故障少于 3 层。对于结构复杂的零部件，所涉及的层次更多，最深的叶节点在第 7 层。

考虑到接触网故障数据的稀疏性，同时保证各故障编码长度统一、减少数据库存储空间和高效检索，我们可以对树状结构进行变形，采用一个三层树状结构涵盖接触网全部故障，以实现对接触网所有故障的定位。仍以"平腕臂底座备用螺帽缺失"为例，变形后的节点为：支持装置、平腕臂底座、底座零件安装状态。除定位故障外，树状结构还设计了第四层和第五层，分别对具体的故障状态和故障等级进行描述，如图 6-7 所示。整个树状结构共含有 31 个大类、381 个小类，2 000 余项具体故障条目以及各故障条目对应的故障状态和故障等级。

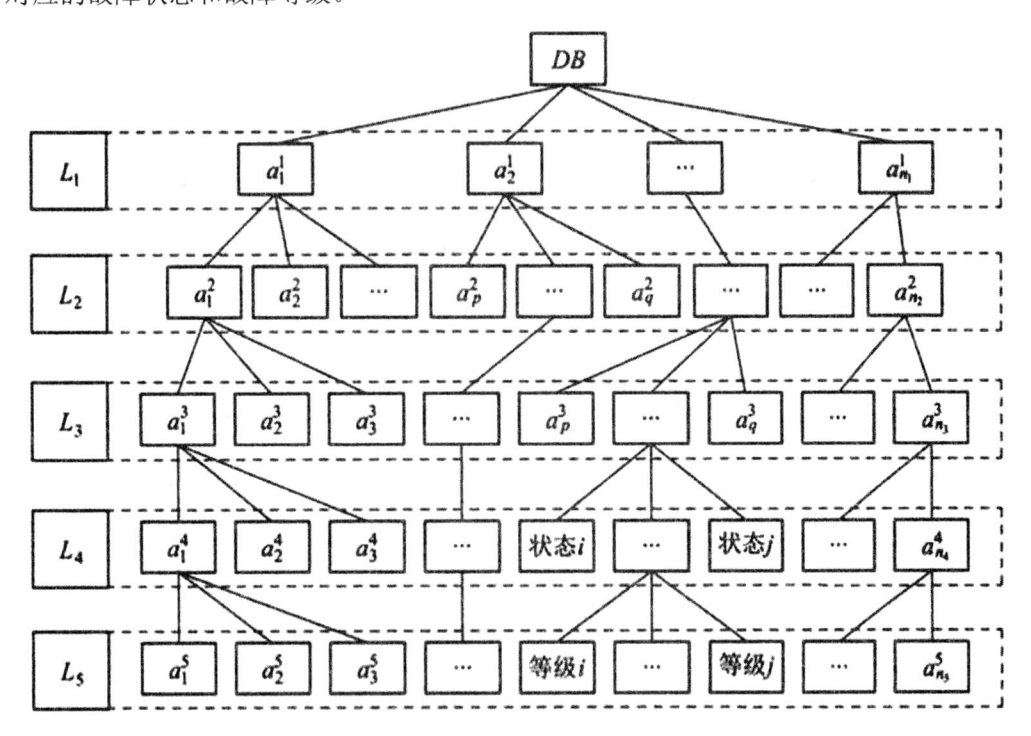

图 6-7 接触网故障树状结构示意图

（二）接触网故障数据编码

编码是信息从一种形式或格式转换为另一种形式的过程。通过编码，复杂的图片、语音、文字可以被计算机识别并快速处理。实现信息的快速处理需要建立在科学合理的信息分类的基础上，并遵循一定的编码原则。

为实现对目标信息的标准化、规范化编码，一般需遵循以下基本原则：

唯一性：一段信息只能由唯一一段编码进行表示。

合理性：编码对象的类别与属性需进行合理划分。

可扩展性：编码时需留出适当数量的码位，以便后续项目的添加。

简洁性：编码长度应尽量简短。

规范性：编码的类型、结构需保持统一。

2016年，中国国家铁路集团有限公司下发了《铁路牵引供电设备设施单元划分、编码暂行规范》，对接触网地理信息的划分给予了明确的编码规定。

根据接触网故障树状结构和编码原则，接触网故障数据库结构如图6-8所示。下面简要介绍故障关键信息中故障标识的编码。

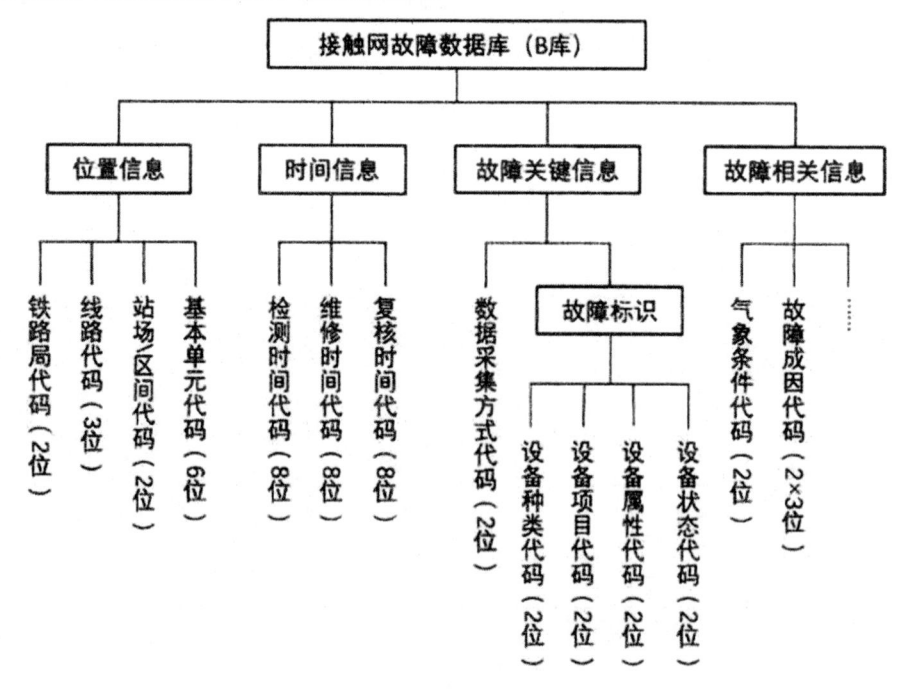

图6-8 接触网故障数据库结构

树状结构的第二层为设备种类代码，例如：接触线编码为01，承力索编码为02，支持装置编码为12，定位装置编码为13，等等。

第三层为设备项目代码，表示各类接触网设备下的故障项目，取值范围为0~99。例如：接触线张力编码为0101，接触线导高编码为0102，支持装置平腕臂底座编码为1201，支持装置平腕臂本体编码为1202，等等。

第四层为设备属性代码，表示各项接触网设备的故障属性，取值范围为0~99，包括三种类型：二元属性、序数属性和数值属性。例如：150 mm^{2}铜合金接触线张力（kN）（200~250 km/h）编码为010101，120 mm^{2}铜合金接触线张力（N）（200~250 km/h）编码为010102；支持装置平腕臂底座状态编码为120101，支持装置平腕臂底座安装状态编码为120102，等等。

第五层为设备状态代码，可分为设备状态描述代码（1位）和设备故障等级代码（1位）两部分。对于设备状态描述而言，二元属型表示故障是否发生，代码为0。数值属型表示具体的检测监测数据，如导高、拉出值等，代码统一为X，并记录具体的参数值。序数属型代表共性且发生故障频率较高的故障条目。如前所述，在构建树状数据结构时系统对层次过深的子树采取了并入变形，造成了零部件合并，按部件和零件区分为：部件状态、部件安装状态、零件状态、零件安装状态。部件是指设备主体及底座、抱箍、线夹等连接件，零件是指螺栓、螺钉、螺杆、螺丝、穿钉、销钉、螺母、螺帽、备母、备帽、开口销。序数属性代码取值范围为1~9和A~Z（X除外）。

第七章 电气化铁路智能牵引供电系统实施案例与发展

第一节 京沈高铁试验段实施案例

一、智能一次设备

京沈高铁阜新北至黑山北牵引变电所间长约 50 km，设有 2 座牵引变电所、1 座分区所、2 座 AT 所，设计速度为 350 km/h，牵引变电所、分区所、AT 所主接线设计按高铁典型设计，其中 220 kV 变压器采用户外布置型式，27.5 kV 设备采用 GIS 开关柜型式。

按照京沈高铁主接线方案，各所亭需配置智能一次设备、广域保护测控系统及智能辅助系统等设备。阜新北至黑山北间具体设备配置见表 7-1。

表 7-1 阜新北至黑山北间设备配置表

序号	设备名称	单位	合计	阜新北 SS	阜新站	新邱 ATP	申德营子 SP	下石土 ATP	黑山北 SS
1	智能 Vx 接线牵引变压器 220 kV 40 MVA	台	8	4					4
2	智能 AT 变压器 25 MVA	台	4				4		
3	智能 AT 变压器 32 MVA	台	4			2		2	
4	智能 220 kV 断路器户外，SF$_6$ 型，三极，1 600 A	台	4	2					2
5	智能 220 kV 隔离开关三极（带接地刀）电动，1 600 A	台	4	2					2

续表

序号	设备名称	单位	合计	阜新北SS	阜新站	新邱ATP	申德营子SP	下石土ATP	黑山北SS
6	220 kV 隔离开关三级手动，1 600 A	台	4	2					2
7	智能室内双极 GIS 开关柜 2×27.5 kV，2 500 A（断路器、三工位隔离开关、PT）	台	16	8					8
8	智能室内单极 GIS 开关柜 27.5 kV，2 000 A（断路器、三工位隔离开关）	台	5	1		1	1	1	1
9	智能室内双极 GIS 开关柜 55/2×27.5 kV，2 000 A（断路器、三工位隔离开关、PT）	台	16			4	8	4	
10	智能室内双极 GIS 开关柜 55/2×27.5 kV，2 000 A（三工位隔离开关）	台	6			1	4	1	
11	智能 220 kV 电流互感器	台	12	6					6
12	智能 220 kV 电压互感器	台	12	6					6
13	220 kV 避雷器智能单元	台	12	6					6
14	广域保护测控系统（牵引变电所型）	套	2	1					1
15	广域保护测控系统（分区所型）	套	1				1		
16	广域保护测控系统（AT所型）	套	2			1		1	
17	智能辅助监控系统	套	5	1		1	1	1	1
18	PHM 系统平台	套	1						
19	网开关控制站（基于IEC61850）	套	6	1	1	1	1	1	1

工程应用中应考虑技术的成熟度及检测数据的必要性配置相应的设备，具体方案如下：

智能牵引变压器：采用卷铁芯节能型牵引变压器，配置油中溶解气体监测、铁芯接地电流监测、绕组与铁芯温度监测等在线监测装置，设置智能组件柜。

智能 AT 变压器：采用卷铁芯节能型自耦变压器，配置油中溶解气体监测、铁芯接地电流监测、绕组与铁芯温度监测等在线监测装置，设置智能组件柜。

智能 220 kV 断路器：配置操作机构特性监测、分合闸线圈电流监测、储能电机电流监测、气体微水监测等在线监测装置，设置智能组件柜。

智能 220 kV 电动隔离开关：主地刀配置操作机构特性监测、运行环境监测、开关触头运行温度监测、电机驱动电流及电压监测、电机驱动次数监测、分合闸运行时间监测、绝缘子泄漏电流监测等在线监测设备，接地刀配置操作机构特性监测、驱动器内部温湿度监测、电机驱动电流与电压监测、电机驱动次数监测、分合闸运行时间监测等在线监测装置，操作机构箱内集成安装智能组件。

智能 220 kV 电流互感器：配置容性设备绝缘监测装置，与 220 kV 电压互感器（配置容性设备绝缘监测装置）、220 kV 避雷器（配置避雷器绝缘监测装置）共用一套智能组件柜。

智能 27.5 kV/2×27.5 kVGIS 设备：配置操作机构特性监测、储能电机工作状态监测、避雷器全电流监测、避雷器放电次数监测等在线监测装置。在各 GIS 开关柜二次隔间内设置馈线保护装置、电流合并单元或电压合并单元等设备。

牵引变电所、分区所和 AT 所设广域保护测控系统，以牵引变电所供电范围为单元，将各供电设施的二次设备（包括仪表、信号系统、继电保护、自动装置和远动装置）经过功能的组合和网络通信，实现对牵引供电设施主要设备的自动监视、测量、自动控制、广域保护以及与牵引供电调度系统通信等综合性的自动化功能。

牵引变电所、分区所和 AT 所设智能辅助监控系统，采用统一平台，以图像智能分析处理为核心，具备视频监控、环境监控、安全防范等功能，同时具备智能牵引供变电设施状态数据的接入、展示和上送功能。

二、广域保护测控系统

牵引变电所、分区所和 AT 所设广域保护测控系统，由牵引变电所、分区所、AT 所各设备间隔的就地保护、所内的站域保护、所间的广域保护构成。

（一）保护配置

就地保护、站域保护、广域保护由相应的就地保护装置、站域保护装置和广域保护装置实现。就地保护装置采用直采直跳，站域保护装置采用网采网跳，站域保护装置和就地保护装置中的保护控制功能相互冗余。广域保护装置采用广域阻抗保护原理，可与站域保护装置合并。

（二）网络结构

智能牵引供电系统网络由牵引变电所、分区所、AT 所间的广域网络和所内站域网络构成。

智能牵引变电所、分区所、AT 所站域网络由三层两网构成：三层分别为站控层、间隔层、过程层；两网分别为间隔层网络、过程层网络。

（三）功能配置

牵引变电所的通信网络和系统应符合 DL/T860（IEC 61850）标准，实现变电所设备的"互连、互换、互操作"。保护功能应不依赖于时钟同步系统，保护装置采用直采直跳的方式与智能组件进行通信。

牵引变电所时钟同步系统应支持北斗系统和 GPS 系统单向标准授时信号，优先采用北斗系统，时钟同步精度和授时精度满足所内所有设备的对时精度要求。站控层设备宜采用 SNTP（简单网络时间协议）网络对时方式；间隔层和过程层设备可采用 IRIG-B、1pps 对时方式，条件具备时也可采用 IEC 61588 对时方式；过程层设备同步信号应通过光纤传输。

牵引变压器本体保护通过本体智能组件实现，上传本体各种非电量信号，本体保护采用电缆跳闸方式保证系统的可靠性。

牵引变压器高、低压侧合并单元和智能终端应双重化配置，并分别与双重化配置的保护装置相对应，本体保护单套配置。

故障测距系统应能够和传统变电所测距装置配合完成故障测距功能。

对不支持 DL/T860 通信标准的设备，如交直流屏、所用变温控器等可采用网关设备进行规约转换接入。

三、智能牵引变电所布置方案

采用智能牵引供电系统后，各所亭平面布置原则上不发生变化，与常规牵引变电所有区别的是将原有的端子箱替换为智能组件柜，传统的控制保护电缆更换为光缆。以阜新北牵引变电所为例，全所配置 9 户外智能组件柜，其中包括：2 面进线智能柜，每个柜内配置 2 台智能终端、2 台合并单元、1 台断路器在线监测装置；4 面主变智能柜，每个柜内配置 1 台本体智能组件，1 台变压器在线监测装置；1 面集中接地智能柜，柜内配置 1 台合并智能单元；2 台避雷器监测智能柜，每个柜内配置 1 台避雷器在线监测装置。

每路进线隔离开关配置 1 台对应的在线监测装置，隔开在线监测装置就地安装于隔开端子箱内。

各智能组件柜设置在设备附近，以减少电缆数量。采用智能牵引供电系统后，减少大量控制保护电缆，代之以光缆。因此，常规的电缆沟设计可更为简化，采用电缆槽的型式。

第二节　智能牵引供电系统技术发展

一、柔性牵引供电系统

柔性牵引供电系统由高过载低损耗牵引变压器、电力电子变压器和柔性自动过分相装置共同实现，有如下三种运用模式。

运用模式1：高过载低损耗牵引变压器＋柔性自动过分相装置，应用于外部电网短路容量比较大的电气化铁路，通过高过载低损耗牵引变压器提高电气化铁路的经济效益，通过柔性自动过分相装置解决电分相问题。

运用模式2：高过载低损耗牵引变压器＋电力电子牵引变压器＋柔性自动过分相装置，应用于外部电网薄弱的电气化铁路（含高铁）或铁路枢纽供电，2个电力电子牵引变压器供电的牵引变电所和1个高过载低损耗牵引变压器供电的牵引变电所为一供电单元，3个牵引变电所由同一外部电网供电，牵引网局部贯通，贯通供电范围达到150 km左右。

该供电模式利用高过载低损耗牵引变压器解决过负荷能力和供电经济性问题；利用电力电子牵引变压器解决电能质量问题；3个牵引变电所构成的贯通供电单元可以减少5/6的电分相；利用柔性自动过分相装置解决剩余的1/6电分相问题。由于电力电子牵引变压器可以调控电压和电流，电力系统220 kV及以下电网允许采用电力电子牵引变压器的变电所合环运行。

运用模式3：全部由电力电子牵引变压器构成的贯通式柔性牵引供电系统。

模式1是在既有高铁技术体系下最简便易行的模式；模式2是在外部电源薄弱且铁路存在长大坡道时或枢纽供电时采用的模式；模式3受电力电子器件的过负荷能力、可靠性与经济性制约，但其属于未来发展方向，宜加大研究力度。

（一）高过载低损耗牵引变压器

高过载低损耗牵引变压器是通过改变铁芯结构和改进绕组绝缘材料，达到降低空载损耗、提高过载能力和抗短路能力的一种电磁式变压器。

1. 低损耗卷铁芯技术

传统的叠铁芯变压器在封闭式铁芯的四个拐角处难免存在接缝（见图7-1）。这一方面造成磁通方向与铁芯晶体取向不一致，引起损耗增加；另一方面导致漏磁增大，造成磁致伸缩，引起噪声增加。

变压器采用卷铁芯技术（见图7-2）并不是一个新概念，但是，对于高电压、大容量变压器来说，由于制造工艺难度大，国内外一直只能生产35 kV/10 MVA以下的变压器。目前，国内已经攻克了高电压、大容量卷铁芯节能型牵引变压器电磁设计技术，开发出了大型卷铁芯斜线开料、直线卷绕、恒温退火和多线圈一体化立式绕线等制造工艺并形成成套制造装备，研制出220 kV/（31.5＋20）MVA牵引变压器，已经在晋中南通道王家庄牵引变电所和秦沈客运专线综合试验段采用。随后，我国又相继推出了高铁自耦变压器、电力变压器和城市轨道交通整流变压器。

图7-1 叠铁芯变压器　　　　图7-2 卷铁芯变压器

2. 高耐热电磁线技术

目前，牵引变压器一般采用绝缘纸和绝缘油组成变压器绝缘系统。在运行过程中，受温度、电场、水分、氧气等因素的影响，油纸绝缘会逐渐老化，电气及机械性能降低。大量研究结果表明，温度（热应力）对油纸绝缘老化起着关键性的作用。当绝缘纸的纤维素受高温、水分、氧气等作用后过热时容易分解CO、CO_2气体和$C_5H_4O_2$（糠醛）等气体。对于常规的A级绝缘，如油纸绝缘，绝缘耐温105℃；温度每超过6℃，则绝缘寿命减半。如果采用B级无机绝缘材料，如聚氨酯，绝缘耐温130℃；温度每超过10℃，则绝缘寿命减半。如果采用H级甚至C级无机绝缘材料，如聚氨酯、聚酯亚胺、改性聚酯、芳基聚酰亚胺（C级），绝缘耐温180℃及以上；温度每超过12℃，则绝缘寿命减半。绝缘材料温升与寿命曲线如图7-3所示。

聚酰亚胺是目前有机类漆包线漆中耐热等级最高的漆包线漆，其长期使用温度可达

220℃以上，具有很高的耐热性、良好的耐溶剂和耐冷冻剂性能。但由于成本昂贵，储存稳定性差和具有毒性，它没有广泛使用。由于聚酰胺酰亚胺漆具有很高的耐热性、机械性能、耐冷冻剂性能和耐化学性能，因此有漆包线漆之王的美称，广泛用作复合涂层漆包线的面漆，提高了复合线的耐热性，并能够降低成本。根据图 7-4 的变压器温升分布，如果将牵引变压器绕组热点温升较高的部分绕组（距绕组顶部 1/4 到 1/3 绕组）采用聚酰亚胺漆包线和聚酰胺酰亚胺漆包线，则可极大地提高牵引变压器的过载能力。

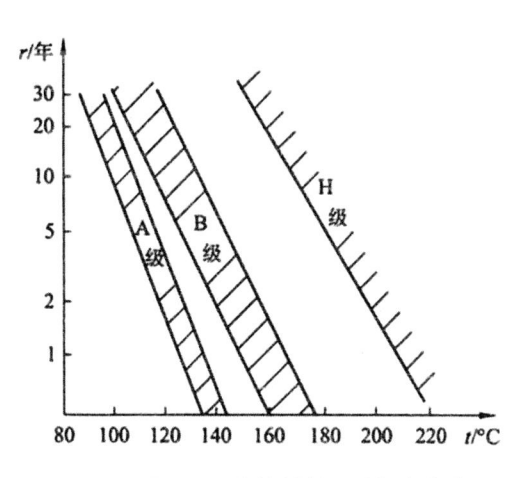

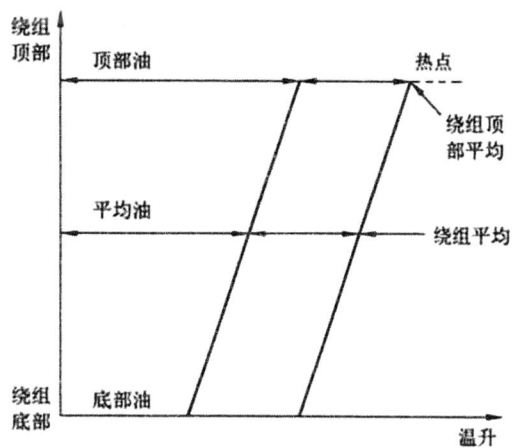

图 7-3　绝缘材料温升与寿命曲线

图 7-4　变压器温升分布

将低损耗的卷铁芯技术与高耐热的电磁线技术相结合，研制高过载低损耗牵引变压器，可以大幅降低牵引变压器的容量使用费（降低 20%~25%容量费）、降低变压器空载损耗 40%~45%、降低变压器噪声 15 dB 以上；同时，可以提高牵引变压器的抗突发短路冲击能力。

（二）电力电子牵引变压器

电力电子牵引变压器有多种实现手段，图 7-5 给出了一种由多个变换器模块级联的电力电子牵引变压器示意图。外部电网三相交流电经过多绕组降压变压器向若干个三相－单相变流器模块供电，三相－单相变流器单相侧串联向负荷供电；变流器模块数量根据供电容量需求可灵活配置。

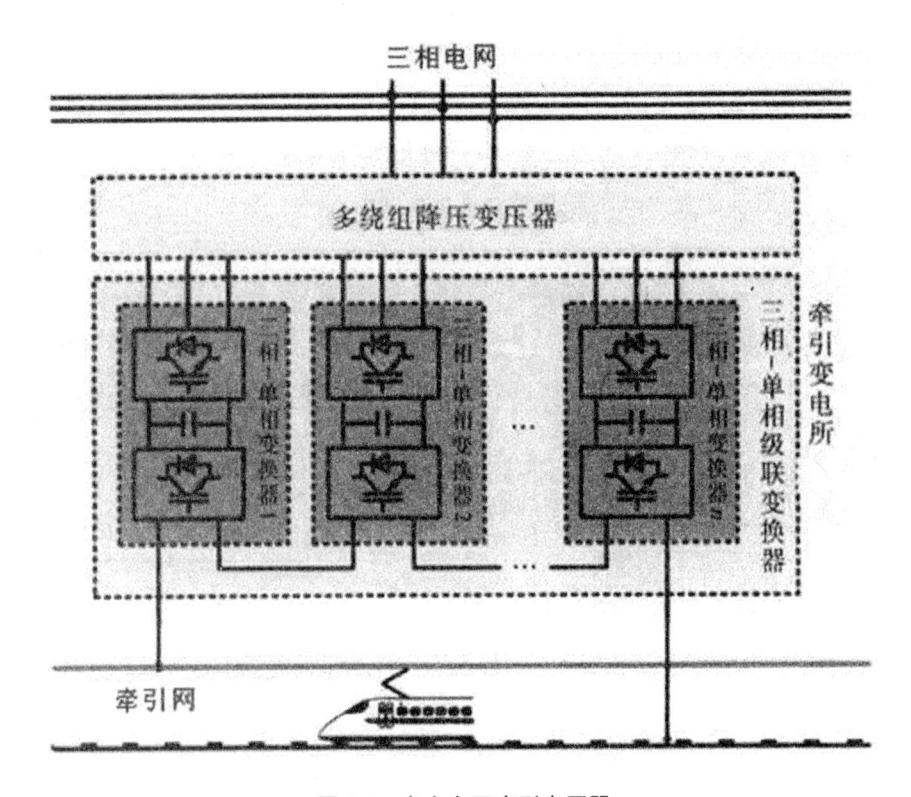

图 7-5　电力电子牵引变压器

电力电子牵引变压器的电压、电流可调可控，可以全面提升电能质量，实现无谐波、无负序；电力电子牵引变压器的中间直流母线上可以方便地接入再生制动能量回馈装置和各种新能源；容量可以根据负载需要实时动态配置。目前国内已经研制成功低电压小功率实验样机，在推动工程应用过程中，需要进行如下改进：提高电力电子器件的稳定性和可靠性、提高电力电子器件的过负荷和过电压耐受能力。当然，大功率电力电子器件价格问题也是制约其工程应用的一个方面，这些问题必须结合工程实际逐步加以解决。

（三）柔性自动过分相技术

图 7-6 给出了一种典型的柔性自动过分相技术方案。当无列车通过电分相时，电分相客观存在，不会造成电力系统合环运行；当有列车通过电分相时，柔性自动过分相装置通过调幅与移相，使列车自动通过电分相。

(a) 柔性过分相装置

(b) 中性区电压合成

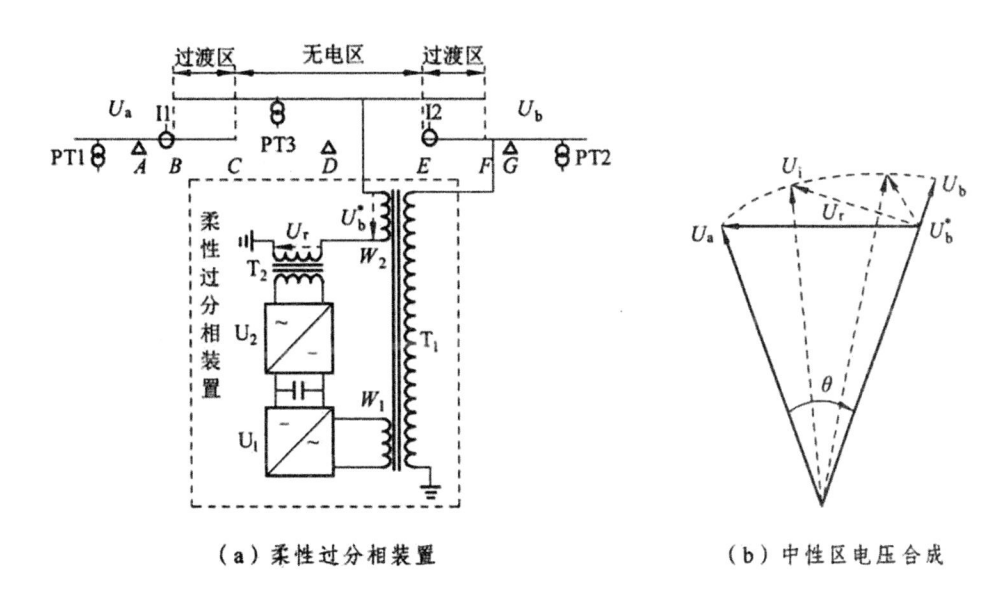

图 7-6 柔性自动过分相技术示意图

基本工作原理如下：

中性区电压由两部分构成，即通过变压器 T_1 二次侧绕组 W_1 输出至变流器（U_1、U_2）调幅、移相后经 T_2 输出的电压 U_r 和通过变压器 T_1 二次侧绕组 W_2 输出的电压 U_b^*，中性区电压为：

$$\overset{\circ}{U}_i = \overset{\circ}{U}_r + U_b^* \qquad (7\text{-}1)$$

柔性自动过分相装置输出电压调幅移相的时序为：

检测到列车到达 A 点时，柔性自动过分相装置输出电压 $\overset{\circ}{U}_i = \overset{\circ}{U}_a$；

检测到列车到达 B 点位置，柔性自动过分相装置开始输出电流，列车电流逐步转移至由柔性自动过分相装置提供，电压相位保持不变；

列车到达 C 点位置之前，柔性自动过分相装置输出电流等于列车电流，列车电流全部由柔性自动过分相装置提供，电压相位保持不变；

列车到达 E 点位置之前，柔性过分相装置完成移相，中性段电压 $\overset{\circ}{U}_i = \overset{\circ}{U}_b$，同时，柔性自动过分相装置输出电流开始逐步减小；

列车到达 F 点位置之前，柔性自动过分相装置输出电流减小至零，列车全部由 B 相供电臂提供电流；

检测到列车到达 G 点位置时，柔性过分相装置回到待机状态。

在先进轨道交通科技专项支持下，国内已经开展了柔性自动过分相装置研制，并在长株潭城际铁路试用。

二、智能节能接触网系统

（一）光纤复合接触网

光纤复合接触网是指基于分布式光纤传感技术，以光纤复合接触线、承力索和附加导线为载流体且能智能感知其服役状态的接触网。光纤复合接触线（索）将分布式光纤传感器内置于接触线（索）之中，分布式光纤传感器可以准确地监测光纤沿线任一点的温度、压力、电场、位移等参数的变化，如图 7-7（a）所示。分布式传感主要是后向散射传感，光纤散射主要包括由折射率起伏引起的瑞利散射、由光学声子引起的拉曼散射和由声学声子引起的布里渊散射，其散射光谱分布如图 7-7（b）所示。

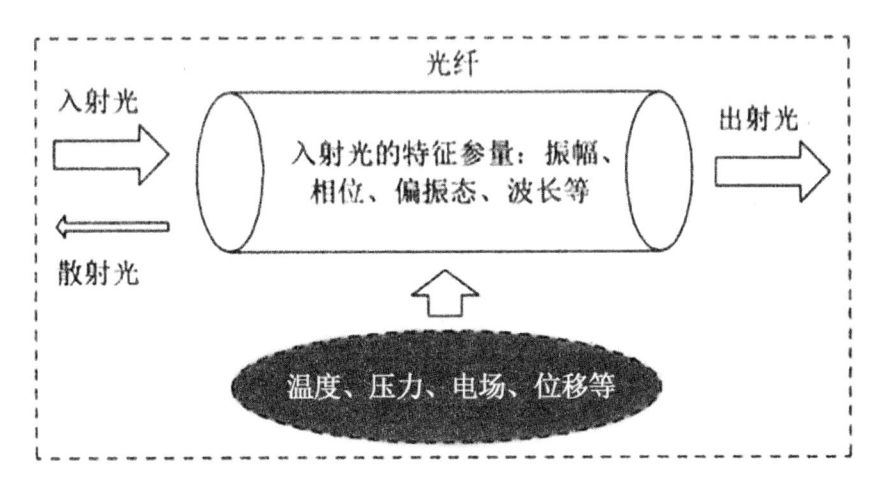

(a)分布式光纤传感器

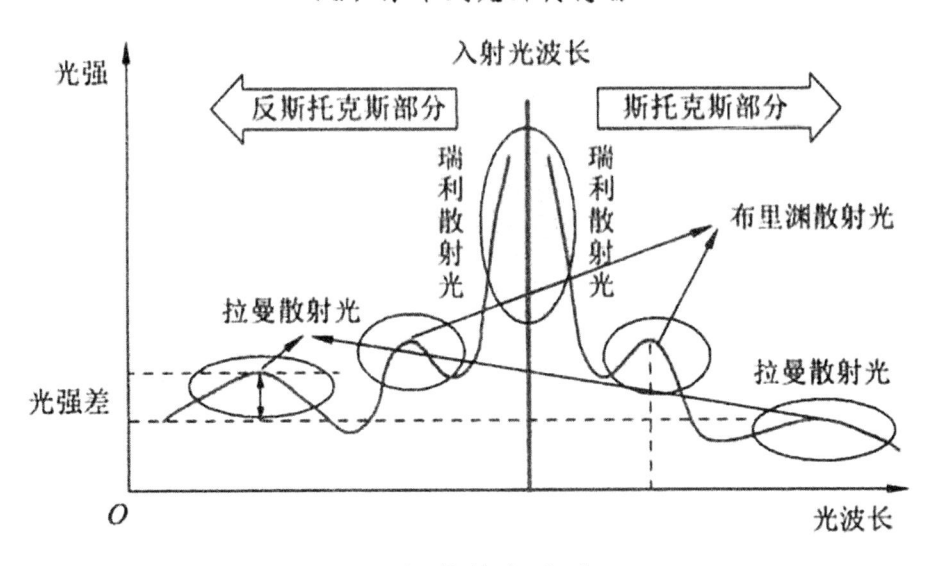

(b)散射光谱图

图 7-7 基于散射光谱的分布式光纤传感器

散射类光纤传感器主要采用光时域反射（OTDR）技术，通过向光纤中注入光脉冲并接受光纤内的后向散射光实现传感，被监测参数的变化会对后向散射光的幅度、相位、波长（频率）和偏振态产生影响，利用入射信号与返回信号的时间差可以得出事件点与 OTDR 的距离：

$$d = \frac{c\tau}{2n} \qquad (7-2)$$

式中，c 为真空光速；n 为折射率；τ 为时延。

基于 OTDR 技术的传感器要按式（7-3）计算空间分辨率，以保证被监测参数满足空间分辨率要求。

$$\Delta z = \frac{cT}{2n} \qquad (7\text{-}3)$$

式中，c 为真空光速；n 为折射率；T 为脉冲宽度。

例如，基于偏振光时域反射（POTDR）技术的分布式光纤传感可以通过检测光纤中瑞利后向散射信号里由振动引起的偏振态变化，从而检测振动的微小变化。

基于拉曼散射（ROTDR）的分布式传感器利用拉曼散射光中斯托克斯光的光强度（I_s）与温度无关、反斯托克斯光的光强度（I_{as}）随温度变化的特征进行温度检测，如式（7-4）所示，主要应用于大范围、长距离的温度检测。

$$T = \frac{hcv_0}{k} \cdot \frac{1}{\ln a - \ln(\frac{I_{as}}{I_s})} \qquad (7\text{-}4)$$

式中，h 为普朗克常数；c 为真空光速；v_0 为入射光频率；k 为玻尔兹曼常数；a 为与温度相关的系数；T 为绝对温度。

基于布里渊散射（BOTDR）的分布式传感器，利用布里渊散射的频移分量由声波产生的移动光栅引起，光栅以声速在光纤中传播，且声速与光纤温度和应力有关，两个布里渊频移分量均携带光纤局部温度与应力信息。值得注意的是，布里渊信号比瑞利信号约小两个数量级，检测比较困难。

采用光纤复合接触网不仅能实现接触网智能化，而且能实现高速铁路相关领域的服役状态监测，如图 7-8 所示。

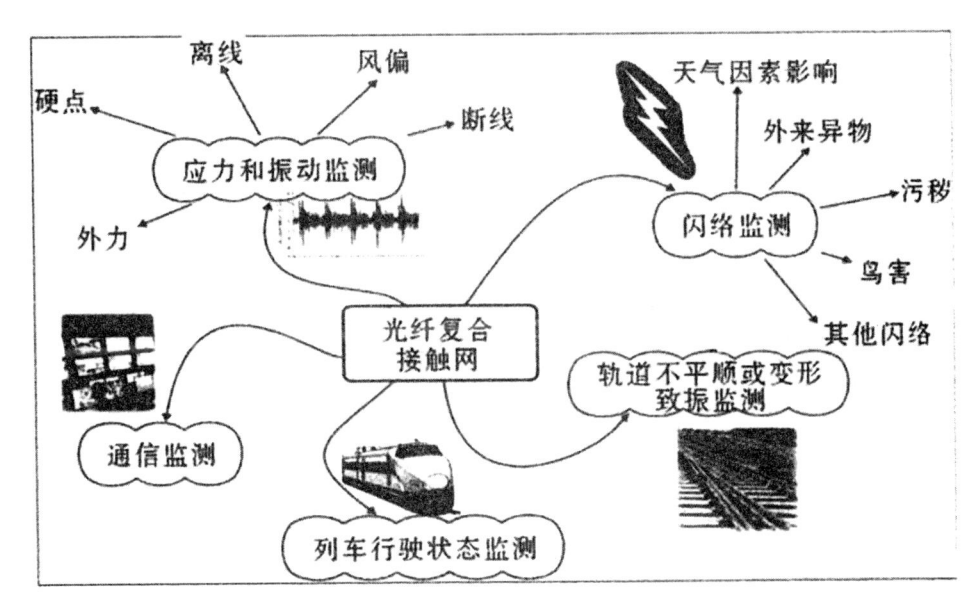

图 7-8　光纤复合接触网在高速铁路服役状态监测应用示例

光纤复合接触网现在还处于概念阶段，真正制备出光纤复合接触线（索）还有很长的路要走，需要掌握如下关键技术：分布式光纤与接触线复合的制备技术、分布式光纤与接触线寿命匹配技术、微弱光信号测试与处理技术、以光纤复合接触网为基础的高速铁路服役状态监测体系。

（二）接触网绝缘整体腕臂

图 7-9 所示的现有高铁接触网腕臂零部件多，易受疲劳与腐蚀影响，巡检与检修复杂，腕臂绝缘子易遭受雷击炸裂、鸟害等出现跳闸、污闪等故障。

采用基于复合材料整体成型的新型绝缘接触网支撑装置如图 7-10 所示，可取消现有由绝缘子、替代金属腕臂组成的悬挂支撑结构，减少结构零件、简化装配过程，有效降低因雷击、污秽闪络等造成的线路事故发生的概率，提高接触网的可靠性，降低系统安装工作量和运维难度与成本。

图 7-9　常规高铁接触网　　　　　　图 7-10　绝缘整体腕臂接触网

（三）高强高导接触线

接触网导线（接触线）的电阻会导致线损压降、导线温升（导线变软、强度下降）、耗能增加等。由于高速接触网的特性，接触线需要具有较高的抗拉强度和较高的导电率，目前使用铜合金作为接触线材料，主要有铜镁、铜锡和铜银合金材料，但铜基合金材料的抗拉强度与导电率成反比关系，如图 7-11 所示。

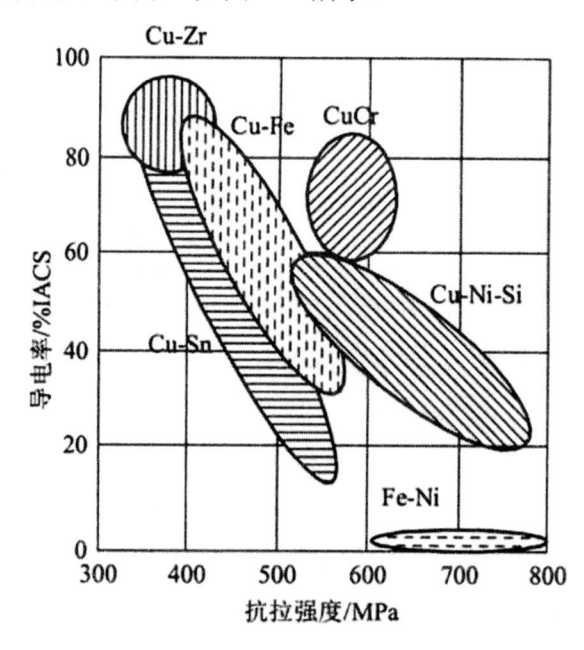

图 7-11　铜基合金导线的抗拉强度与导电率的反比特性

理论研究和实验结果表明,铜/碳纳米管复合材料强度与碳纳米管直径成反比关系,如图 7-12 所示。从图中可以看出,获得同样的抗拉强度,碳纳米管直径越小,所需加入量越少(成本越低);同样的碳纳米管加入量,碳纳米管直径越小,复合材料的强度越高。铜/碳纳米管复合材料的电阻率与碳纳米管含量的关系如图 7-13 所示,导热性与碳纳米管含量的关系如图 7-14 所示。

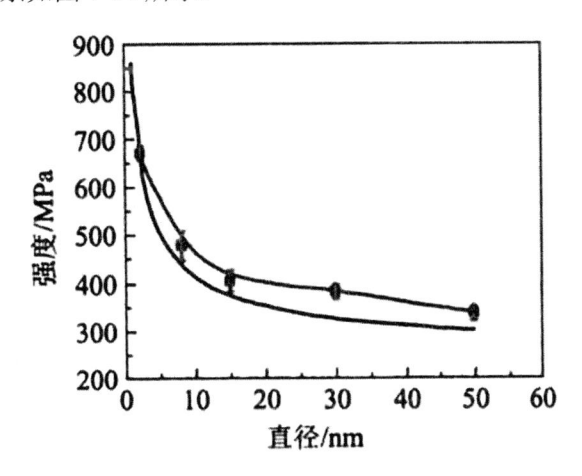

图 7-12 强度与碳纳米管直径关系

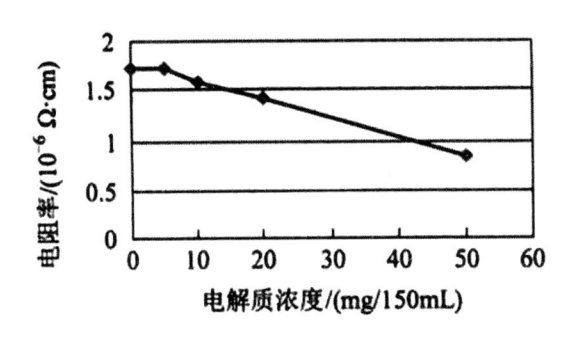

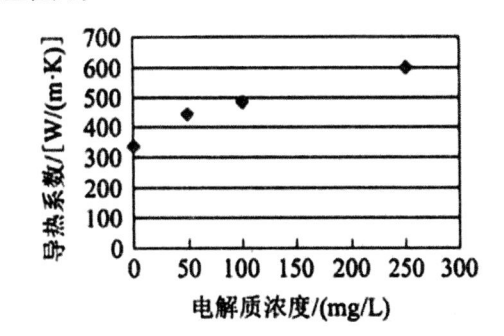

图 7-13 电阻率与碳纳米管含量关系

图 7-14 导热性与碳纳米管含量关系

碳纳米导电材料具有高强度、高导热性和高导电性的特点,是理想的复合材料。根据现有研究,采用铜/碳纳米管复合材料,与现有材料相比,可使接触线电阻率降低 30%~50%,导热性提高 80%,抗拉强度提升 40%以上,因此铜/碳纳米复合材料与铜合金相比,具有综合优势,可以更好地满足高铁对接触网的要求。

目前铜/碳纳米管复合接触线的研究尚处于实验室制备铜/碳纳米管复合材料样品阶段,在研究铜/碳纳米管复合接触线强度与碳纳米管直径的关系、铜/碳纳米管复合接触线导电和导热性能的基础上，研究制备工艺并研制出高强高导铜/碳纳米管复合材料接触线是关键。

（四）高速刚性接触网

刚性接触网具有安全性、耐久性高，环境适应性好，适合长大坡道使用，施工简单，人工巡视和作业便捷，隧道建设成本低等优势。由于刚性接触网存在定位装置、锚段关节、刚柔过渡段等弹性分布不均结构，造成弓网接触波动明显，容易引起接触线严重磨耗、拉弧频繁等受流问题，现有刚性接触网无法满足 200 km/h 及以上设计需求。

刚性接触网由汇流排和接触线构成，汇流排一般采用铝合金材料，接触线一般采用铜导线，主要有 π 型、T 型和 Y 型三种结构型式，如图 7-15 所示。

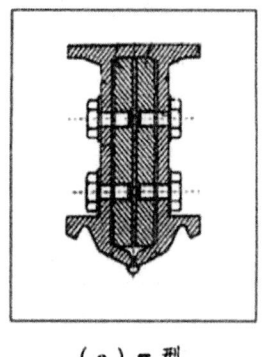

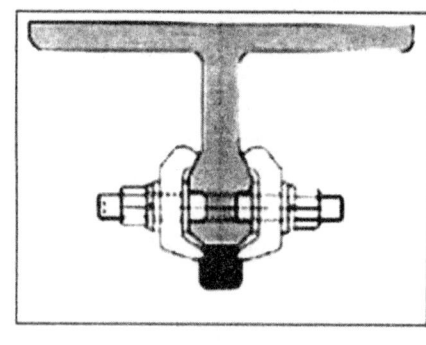

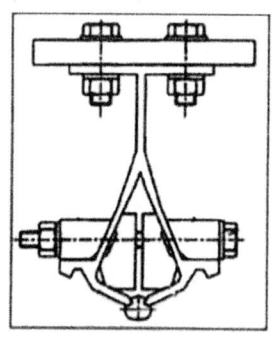

（a）π 型　　　（b）T 型　　　（c）Y 型

图 7-15　刚性接触网

对于刚性接触网，涉及如下关键技术：精确的弓网耦合动力学模型、刚性接触网结构参数与行车速度的匹配规律、刚性接触网关键结构与结构参数优化、高速运行受流质量提升技术、刚-柔与柔-刚过渡区段弓网关系（见图 7-16）。

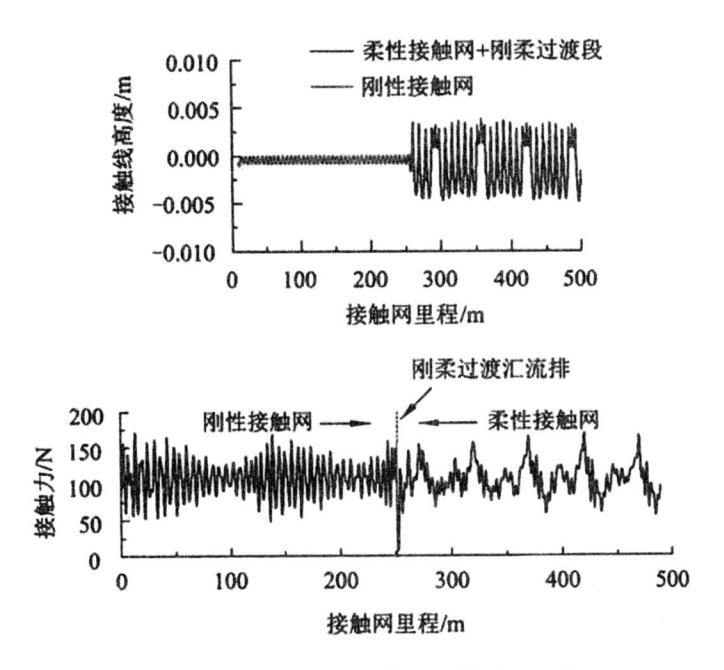

图 7-16 刚－柔与柔－刚过渡区段弓网关系

国内刚性接触网已有 160 km/h 的运行经验，应着力于高速刚性接触网系统成套产品研制、施工关键技术及装备研制、系统设计与施工 BIM（建筑信息模型）研制以及高速刚性接触网系统示范工程及线路试验。

三、轨旁感应供电技术

轨旁感应供电技术是一种通过非接触的方式为轨道交通列车供电的新技术。目前，多个国家已针对该技术开展研究，且有多条示范线投入运营。1997 年，新西兰奥克兰大学率先开发了世界首条感应供电的定轨观光车。随后，韩国铁路研究所（KRRI）、德国国际电力技术公司和加拿大庞巴迪公司分别面向有轨电车、高速磁浮和高速铁路开发了感应供电装置。

表 7-2 给出了几种无线电能传输的方式。轨道交通的轨旁感应供电技术是应用电场感应（电磁感应）原理实现的。

表 7-2 无线电能传输的几种方式

类型	超声波、微波、激光	电磁谐振	电磁感应
输出能量	十千瓦	十千兆瓦	兆瓦级
有效距离	千米范围	几米范围	几十米范围
优点	传输距离远	功率大，传输距离中等，转换效率较高	适合短距离充电，转换效率高
缺点	电磁辐射高，效率低	磁芯增加重量和成本	有电磁辐射，效率低

相较于传统的接触式供电模式，轨旁感应供电系统取消了"弓网"或"第三轨"等装置，供电系统无磨损、美观，且受环境影响小、系统可靠性高、维护成本较低；感应供电装置可实现模块化封装与分段供电，具有较强的空间布置灵活性与可拓展性。

轨旁感应供电技术存在诸多挑战，例如：系统功率需求大、运行工况复杂、运行速度快、电磁干扰强以及建设成本高等问题。面对上述挑战，需要掌握如下关键技术：电能传输功率及效率提升、电磁辐射评估与屏蔽、高健壮性先进控制技术、分段供电控制技术。

参 考 文 献

[1] (德)哈特穆特·比泽内克.电气化铁路牵引供电系统[M].北京:中国铁道出版社,2019.
[2] 高仕斌.高速铁路智能牵引供电系统[M].成都:西南交通大学出版社,2021.
[3] 胡彦奎,刘辉.高速铁路供变电技术[M].北京:北京交通大学出版社,2018.
[4] 李海军,李德福,王蓓,等.铁道概论[M].2版.成都:西南交通大学出版社,2018.
[5] 李群湛,贺建闽.牵引供电系统分析[M].3版.成都:西南交通大学出版社,2019.
[6] 李曙斌.现代有轨电车供电工程施工技术[M].成都:西南交通大学出版社,2019.
[7] 梁静,陈振棠.牵引供电系统继电保护[M].成都:西南交通大学出版社,2020.
[8] 谭秀炳.交流电气化铁道牵引供电系统[M].5版.成都:西南交通大学出版社,2021.
[9] 谭秀炳.铁路电力与牵引供电系统继电保护[M].成都:西南交通大学出版社,2019.
[10] 王素芹.电气化铁路牵引供电系统研究[M].成都:电子科技大学出版社,2018.
[11] 张明锐,张永健,王靖满,等.高铁牵引供电系统[M].上海:上海科学技术文献出版社,2019.